Iniciação à Vida Cristã

O QUE É?
COM QUEM?
COMO?

Desafios e perspectivas

Washington da Silva Paranhos, SJ
(org.)

Iniciação à Vida Cristã

O QUE É?
COM QUEM?
COMO?

Desafios e perspectivas

Apoio:

 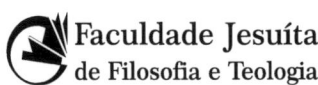 

Dados Internacionais de Catalogação na Publicação (CIP)
(Câmara Brasileira do Livro, SP, Brasil)

Iniciação à vida cristã : o que é? Com quem? Como? Desafios
e perspectivas / organização Washington da Silva Paranhos. --
São Paulo : Edições Loyola, 2024. -- (Sacramentária)
ISBN 978-65-5504-388-4

1. Cristianismo 2. Evangelização 3. Pastoral - Cristianismo
4. Vida cristã I. Paranhos, Washington da Silva. II. Série.

24-216255   CDD-253.7

Índices para catálogo sistemático:
1. Evangelização : Cristianismo   253.7
Eliane de Freitas Leite - Bibliotecária - CRB 8/8415

Preparação: Mônica Glasser
Capa: Ronaldo Hideo Inoue
Composição a partir da imagem generativa
de © Mehemmed. © Adobe Stock.
Diagramação: Sowai Tam

Edições Loyola Jesuítas
Rua 1822 n° 341 – Ipiranga
04216-000 São Paulo, SP
T 55 11 3385 8500/8501, 2063 4275
editorial@loyola.com.br
vendas@loyola.com.br
www.loyola.com.br

Todos os direitos reservados. Nenhuma parte desta obra pode ser reproduzida ou transmitida por qualquer forma e/ou quaisquer meios (eletrônico ou mecânico, incluindo fotocópia e gravação) ou arquivada em qualquer sistema ou banco de dados sem permissão escrita da Editora.

ISBN 978-65-5504-388-4

© EDIÇÕES LOYOLA, São Paulo, Brasil, 2024

Sumário

7 Siglas e abreviações

9 Apresentação

17 Igreja, casa de iniciação para crianças e famílias
Carmelo Sciuto

33 A Iniciação à Vida Cristã
Washington Paranhos, SJ

55 Os atores e os personagens da iniciação cristã
Dom Jerônimo Pereira, OSB

83 A iniciação cristã hoje: educar o desejo e consolidar a fé
Frei Luis Felipe C. Marques, OFMConv.

105 O espaço celebrativo: o batistério
Kátia Pezzin

123 O papel da comunidade eclesial no processo de iniciação cristã, segundo o Ritual da Iniciação Cristã de Adultos (RICA)
Creômenes Tenório Maciel, SJ

143 Música ritual na iniciação cristã
Frei Joaquim Fonseca, OFM

157 Experiências de iniciação à vida cristã
Frei João Fernandes Reinert

179 O impulso que a iniciação cristã recebeu na Conferência de Aparecida e, posteriormente, nos documentos da CNBB
Renato Quezini

195 Vicissitudes históricas da iniciação cristã de adultos e de seu ritual
Francisco Taborda, SJ

205 Índice Remissivo

Siglas e abreviações

AAS	*Acta Apostolicae Sedis*
AG	Concílio Vaticano II, Decreto *Ad Gentes*, sobre a Atividade Missionária da Igreja
ASLI	Associação dos Liturgistas do Brasil
CAPES	Coordenação de Aperfeiçoamento de Pessoal de Nível Superior
CCDDS	Congregação para o Culto Divino e a Disciplina dos Sacramentos
CEI	Conferência Episcopal Italiana
CELAM	Conselho Episcopal Latino-americano
CD	Decreto *Christus Dominus*
CDC	Código de Direito Canônico
CFL	Exortação Apostólica *Christifideles Laici*
CIC	Catecismo da Igreja Católica
CNBB	Conferência Nacional dos Bispos do Brasil
CPP	Conselho de Pastoral Paroquial
CR	Catequese Renovada: orientações e conteúdo (Doc. da CNBB 26, [35]2002)
DAp	Documento de Aparecida

DD	Carta Apostólica *Desiderio Desideravi*
DGC	Diretório Geral para a Catequese
DNC	Diretório Nacional de Catequese
DP	Documento de Puebla
DV	Constituição Dogmática *Dei Verbum* sobre a Revelação Divina
EG	Exortação Apostólica *Evangelii Gaudium*
EN	Exortação Apostólica *Evangelii Nuntiandi*
GS	Constituição Pastoral *Gaudium et Spes* sobre a Igreja no Mundo Atual
IC	Iniciação Cristã
IG	*Incontriamo Gesù*
IGMR	Instrução Geral ao Missal Romano
IO	Instrução *Inter Oecumenici*
IVC	Iniciação à Vida Cristã
LG	Constituição Dogmática *Lumen gentium* sobre a Igreja
MD	Carta encíclica *Mediator Dei*, sobre a Sagrada Liturgia
ML	Movimento Litúrgico
OPG	Observações Preliminares Gerais sobre a Iniciação Cristã
Prae	Introdução Geral do Ritual
RICA	Ritual da Iniciação Cristã de Adultos
SC	Constituição *Sacrosanctum Concilium* sobre a Sagrada Liturgia
SD	Documento de Santo Domingo
VD	Exortação Apostólica Pós-Sinodal *Verbum Domini*

Apresentação

Foram muitas as contribuições, publicadas nos últimos dois anos, sobre as consequências que, inevitavelmente, a pandemia da Covid-19 causou nas celebrações cristãs, bem como as iniciativas implementadas para que o culto da Igreja pudesse ser garantido a todo custo. Vários congressos, seminários e *webinars* abordaram, sob diversos vieses, esse assunto. Não querendo se limitar apenas a essa questão, o "II Simpósio de Liturgia Cristã" se debruçou sobre a iniciação cristã. Além de aprofundar as questões teológico-litúrgicas basilares dos sacramentos do Batismo, Crisma e Eucaristia, buscou apontar, com olhar prospectivo, possíveis alternativas ante os desafios inerentes à iniciação cristã, hoje. Infelizmente, na maioria das comunidades cristãs católicas, o processo catecumenal é pouco ou quase nada celebrativo e mistagógico. É visível a desconexão entre catequese e liturgia, e vice-versa. Na prática, a catequese quase sempre se limita à assimilação de alguns rudimentos da fé, à moda dos antigos catecismos.

    Atendendo ao pedido do Concílio Vaticano II (cf. SC, n. 64; CD, n. 14; AG, n. 14) e levando em consideração as experiências de catecumenato em diversos países, a Sagrada Congregação para o Culto

Divino publicou, em 1972, o *Ritual da Iniciação Cristã de Adultos* (RICA). Na verdade, o desejo do Concílio era restaurar o catecumenato, uma vez que a iniciação cristã havia perdido seu sentido originário. Por trás do restabelecimento do catecumenato, encontra-se não uma mera volta ao passado da iniciação cristã, mas sim a recuperação da centralidade do mistério pascal de Cristo. Obviamente, essa centralidade do mistério era "suposta", mas nem sempre "significada". Essa sutil distinção entre "supor" e "significar", proposta por K. Rahner[1], nos ajuda a perceber que, de tanto estar implícita, a centralidade do mistério pascal de Cristo acabou por ficar em segundo plano, se não até esquecida, como insinua o próprio Concílio (cf. SC, n. 21).

É consenso que o encontro pessoal com o mistério de Cristo acontece de forma eficaz a partir do processo de conversão, que, por sua vez, culminará na adesão livre à pessoa de Cristo e à sua missão. Isso aparece explícito na Introdução do RICA:

> Este rito de iniciação cristã é destinado a adultos que, iluminados pelo Espírito Santo, ouviram o anúncio do mistério de Cristo e, conscientes e livres, procuram o Deus vivo e encetam o caminho da fé e da conversão. Por meio dele, serão fortalecidos espiritualmente e preparados para uma frutuosa recepção dos sacramentos no tempo oportuno (RICA, n. 1).

O RICA não é mera coletânea de rubricas, gestos e palavras normativamente estabelecidos. É, antes de tudo, um itinerário que nasceu no seio das primeiras comunidades cristãs, no intento de conduzir o catecúmeno ao âmago do mistério pascal de Cristo. Tal itinerário não inclui apenas a pessoa que deseja aderir à fé cristã, mas, juntamente com ela, toda a comunidade dos fiéis. Trata-se do

---

1. RAHNER, KARL, *Escritos de Teologia*, Madrid, Taurus, 1967, v. I, 145-147.

caráter eminentemente soteriológico da iniciação cristã. Portanto, esse ritual não se destina tão somente ao catecúmeno, mas principalmente à comunidade cristã[2]. Esta é convocada a "voltar às fontes" da própria razão de existir, pois a comunidade é *ecclesia semper initianda*[3]. Urge, portanto, restabelecer a unidade entre iniciação cristã e liturgia (cf. DGC, n. 66), uma vez que a iniciação cristã também diz respeito a toda a comunidade cristã (cf. RICA, n. 41).

O Batismo, a Crisma e a Eucaristia são sacramentos interligados. Constituem, na verdade, três etapas de um único caminho de fé e vida, pelo qual a Igreja introduz os fiéis no mistério pascal de Cristo, tornando-os novas criaturas, filhos de Deus, membros vivos de seu povo santo. Por isso, são chamados de "Sacramentos da Iniciação Cristã". O itinerário da iniciação cristã inclui "o anúncio da Palavra, o acolhimento do Evangelho, que implica a conversão, a profissão de fé, o Batismo, a efusão do Espírito Santo, o acesso à comunhão eucarística" (CIC, 1229).

Assim como foi para os primeiros discípulos, é fundamental para os cristãos, hoje, o reconhecimento de Jesus Cristo como centro de suas vidas. "Eles o seguiram nos caminhos da Palavra e dos sinais do Reino. Recriados pela fé na vitória da ressurreição e animados pelo dom do Espírito, tornaram-se para sempre participantes da sua vida, membros do seu corpo, celebrantes do seu mistério, testemunhas do seu Reino. Atentos à grandeza da missão, passaram a fazer discípulos em todos os povos."[4]

A pessoa acolhida para o caminho de iniciação à vida cristã transforma sua vida, a partir do encontro com Jesus e seu mistério,

---

2. RICA, Observações preliminares gerais, n. 7.
3. OÑATIBIA, IGNACIO, *Bautismo y Confirmación. Sacramentos de iniciación*, Madrid, Biblioteca de Autores Cristianos, 2000, 6.
4. CNBB, *Discípulos e servidores da Palavra de Deus na missão da Igreja*, Brasília, Documentos da CNBB 97, n. 69, 2010.

manifestos na Palavra, na celebração, na comunidade. A participação nos diversos ritos, especialmente nas celebrações da Palavra ajuda o(a) catecúmeno(a) a guardar e assumir, com profundidade, o que fora descoberto na caminhada iniciática. A fé engloba o anúncio do mistério e sua celebração e, com isso, reforça a relação liturgia-vida.

O *Diretório Nacional da Catequese* destaca a liturgia como "fonte privilegiada de catequese" (DNC, 115) e fundamenta antropológica e teologicamente esse princípio, nos seguintes termos: "A liturgia é fonte inesgotável da catequese não só pela riqueza de seu conteúdo, mas pela sua natureza de síntese e cume da vida cristã (SC 10; CR 89); enquanto celebração, ela é ao mesmo tempo anúncio e vivência dos mistérios salvíficos; contém, em forma expressiva e unitária, a globalidade da mensagem cristã. Por isso, considerada lugar privilegiado de educação da fé" (DNC, 118).

O processo formativo, em que liturgia e catequese funcionam de forma integrada, contempla os seguintes elementos: a centralidade do mistério pascal de Cristo; o momento celebrativo da História da Salvação; o exercício do sacerdócio de Cristo; a dimensão celebrativa como ação ritual e simbólica; a dimensão comunitária da liturgia; a centralidade do domingo como festa dos cristãos; o aprofundamento da Palavra; a espiritualidade do ano litúrgico; a espiritualidade penitencial; o aprofundamento do sentido da presença de Maria no mistério de Cristo e da Igreja; o redimensionamento bíblico-litúrgico da religiosidade popular (bênçãos, romarias, caminhadas, novenas, festas dos padroeiros) (cf. DNC, 122).

O II Simpósio Internacional de Liturgia, realizado entre os dias 31 de agosto a 2 de setembro de 2022, teve como tema "Iniciação à vida cristã: desafios e perspectivas" e como lema "Iniciação à vida cristã: O que é? Com quem? Como? Desafios e perspectivas". Seu objetivo geral era "refletir a partir das experiências atuais de iniciação cristã nas comunidades". Para atingir esse objetivo foram traçados alguns objetivos específicos: a) abordar o que é a "iniciação cristã" e qual é a proposta presente no RICA; b) refletir sobre os atores da "iniciação cristã"; c) apresentar perspectivas ante os desafios para a iniciação cristã, hoje.

O Grupo de Pesquisa "A Recepção da Reforma Litúrgica e o Debate litúrgico-sacramental contemporâneo", do Programa de Pós-Graduação em Teologia da FAJE, foi a instância inicial de discussão sobre a temática e a organização do II Simpósio Internacional de Liturgia, o qual contou, em sua programação, com a colaboração de instituições como a CNBB, ASLI, FACAPA, Instituto de Liturgia da UNICAP e UNICAP. Além de Conferências, foram propostos Seminários e mesas de Comunicações. A Coordenação Central de Atividades de Extensão Universitária da FAJE e o Setor de Comunicação da instituição ofereceram apoio logístico para as questões práticas de organização do evento. As atividades foram realizadas em formato virtual, pelo Canal do YouTube e da Plataforma Teams da FAJE. A Revista *Annales FAJE* publicou, no v. 7, n. 1, de 2022, as Comunicações apresentadas no Simpósio. O apoio do Programa de Excelência (Proex), da CAPES, ofereceu apoio para a realização do Simpósio e, sobretudo, para a publicação desta obra, que teve ainda o apoio das Edições Loyola.

A organização dos capítulos não segue a mesma adotada pela programação do evento. A obra está dividida em dez capítulos. No primeiro, que tem como título *Igreja, casa de iniciação para crianças e famílias*, o professor Carmelo Sciuto, consciente de que estamos diante de alguns desafios cruciais, e estes, talvez, nos assustem, lembra-nos das palavras do Papa Francisco: "Os desafios existem para serem superados. Sejamos realistas, mas sem perder a alegria, a audácia e a dedicação cheia de esperança. Não deixemos que nos roubem a força missionária!" (EG, n. 109). Assim, o autor busca apresentar a *Evangelii Gaudium* (EG) como uma "moldura apostólica para a Igreja" e a renovação da Iniciação Cristã (IC).

No segundo capítulo, *A Iniciação à Vida Cristã*, o professor Washington Paranhos procura mostrar que a iniciação cristã faz parte do amplo horizonte da evangelização e constitui um dos âmbitos mais importantes da missão da Igreja e uma pedra angular da sua ação pastoral. Com efeito, segundo o autor, a iniciação cristã não é apenas uma das muitas atividades da comunidade cristã, mas a atividade que qualifica a expressão própria da Igreja no seu envio para gerar fé e realizar-se como mãe.

No terceiro capítulo, *Os atores e os personagens da iniciação cristã*, Dom Jerônimo Pereira, OSB, de forma criativa, mostra que a relação entre rito e teatro não é unilateral e estática, mas dinâmica. Para ele, o teatro se apresenta sempre, em todo tempo e lugar, como um rito, e ambos, rito e teatro, têm relação com a verdade e a beleza: o teatro absorve do rito a verdade, o rito absorve do teatro a beleza; beleza e verdade não são excludentes, mas complementares.

No quarto capítulo, *A iniciação cristã hoje: educar o desejo e consolidar a fé*, o Frei Luis Felipe C. Marques, OFMConv., faz uma reflexão sobre a "Iniciação à Vida Cristã", com uma rica e extensa bibliografia a respeito: parte da reabertura do processo realizada pelo Concílio Vaticano II e segue até os dias atuais, sobretudo, ao possibilitar novas reaberturas no questionamento da mudança de época e ao saber que o homem de hoje não é mais aquele de sessenta anos atrás nem o de quarenta anos para frente. Nesse sentido, segundo o autor, pensar sobre a "Iniciação à Vida Cristã na Igreja de hoje" impõe diversos aspectos à abordagem e está inerente ao conceito, aos atores, aos espaços, às perspectivas abertas e a serem abertas.

No quinto capítulo, *O espaço celebrativo: o batistério*, a arquiteta Kátia Pezzin busca, na história do cristianismo e em suas raízes judaicas, os lugares da iniciação cristã e como esses espaços podem nos ajudar a refletir hoje sobre nossas capelas batismais, em conjunto com as orientações dos documentos pós-Concílio Vaticano II e a teologia do batismo. A pesquisa também quer salientar a importância da fonte batismal como monumento pascal no espaço celebrativo, ao recordar Cristo na vida do cristão.

No sexto capítulo, *O papel da comunidade eclesial no processo de iniciação cristã, segundo o Ritual da Iniciação Cristã de Adultos (RICA)*, o professor Creômenes Tenório Maciel, SJ, analisa, por meio da leitura de alguns números escolhidos do atual Ritual de Iniciação Cristã de Adultos (RICA), especialmente da sua Introdução, a proposta litúrgico-catequética do catecumenato e denota a densidade teológica da comunidade eclesial no decorrer do processo catecumenal. Segundo ele, a tipologia bíblica atualizada por esse ritual serve de suporte para melhor percebermos o caráter matricial da Igreja como fundamental, mesmo que esse seja constantemente adicionado a outros, a fim de conseguirmos abarcar o mistério da salvação e melhor contribuirmos com a formação e a integração de um novo membro do corpo de Cristo.

No sétimo capítulo, *Música ritual na iniciação cristã*, o Frei Joaquim Fonseca, OFM, apresenta o resultado de dois "Encontros de compositores" promovidos pelo setor Música Litúrgica e coordenados pela Equipe de Reflexão de Música Litúrgica da CNBB, em 2015 e 2016, que tiveram como tema "O canto e a música nos ritos de iniciação cristã". O autor afirma que o objetivo principal desses encontros foi "reunir os cantos existentes, identificar as lacunas e fornecer subsídios para novas composições". Na prática, pretendia-se organizar um sólido repertório de cantos que contemplasse todo o itinerário de iniciação cristã de jovens e adultos, incluindo crianças e adolescentes em idade de catequese, e as celebrações do batismo de crianças pequenas e da crisma/confirmação de jovens.

No oitavo capítulo, *Experiências de iniciação à vida cristã*, o Frei João Fernandes Reinert mostra algumas experiências práticas catecumenais e aponta pistas pastorais que ajudam a tornar a inspiração catecumenal sempre mais relevante para uma catequese de chave missionária.

No nono capítulo, *O impulso que a iniciação cristã recebeu na Conferência de Aparecida e, posteriormente, nos documentos da CNBB*, o padre Renato Quezini destaca como a Conferência de Aparecida abordou o tema da iniciação cristã, apresentando-a como um autêntico itinerário para a formação do discípulo missionário. Em seguida, mostra como a Conferência Nacional dos Bispos do Brasil (CNBB) acolheu a proposta de Aparecida e impulsionou, a partir dos documentos, a reflexão sobre o tema da Iniciação à Vida Cristã, concluindo com a urgência de entendermos a iniciação cristã como um novo paradigma de evangelização.

Por fim, no décimo capítulo, *Vicissitudes históricas da iniciação cristã de adultos e de seu ritual*, o professor Francisco Taborda exibe um breve histórico da prática da Iniciação Cristã de Adultos no Brasil e, simultaneamente, elementos da história do Ritual da Iniciação Cristã de Adultos, resultantes da reforma litúrgica instaurada pelo Concílio Vaticano II.

Boa leitura!

Igreja, casa de iniciação para crianças e famílias

Carmelo Sciuto[1]

Introdução

Diante da prática da catequese paroquial de Iniciação Cristã[2] (IC), que também emerge de sua revisão, somos chamados a não desanimar, mas a retornar com confiança à fiel promessa de Jesus: "Eis que estou convosco todos os dias, até o fim dos tempos" (Mt 18,20), e, sem nos abandonar ao entusiasmo fácil, tentar dar novamente fôlego à esperança, distanciando-nos da resignação dolorosa e estéril.

Salienta a Constituição Pastoral *Gaudium et Spes* (GS), sobre a Igreja no mundo atual: "Para levar a cabo esta missão, é dever da Igreja investigar a todo momento os sinais dos tempos, e interpretá-los

---

1. *Carmelo Sciuto* é padre da Diocese de Acireale, Itália, diretor do Ofício Catequístico Regional Sicília. Professor de Catequética na Faculdade Teológica San Paolo, em Catânia. Doutor em Catequética pela Universidade Pontifícia Salesiana de Roma.
2. A expressão Iniciação à Vida Cristã (IVC) é algo específico no nosso contexto brasileiro; ao longo do texto, perceberemos que o autor do referido capítulo, por ser italiano, usará a expressão própria do seu ambiente eclesial: Iniciação Cristã (N. do O.).

à luz do Evangelho; para que assim possa responder, de modo adaptado em cada geração, às eternas perguntas dos homens acerca do sentido da vida presente e da futura, e da relação entre ambas" (GS, n. 4). Estas palavras do Concílio Vaticano II ressoam profeticamente no presente momento do Brasil e do mundo inteiro: todos os crentes e, de modo especial, os que são chamados a exercer o ministério de acompanhadores, animadores e catequistas na Igreja do Brasil, devem ser portadores da luz do Evangelho em todas as situações da vida.

No Seminário Nacional sobre a IC aqui na Itália, o catequeta Enzo Biemmi cita uma passagem do próprio Papa Francisco: "Recomendo-lhes a Exortação Apostólica *Evangelii Gaudium* (EG), que é a moldura apostólica da Igreja de hoje" (FRANCISCO, 2016, 428). Quero, desse modo, apresentar a EG como uma "moldura apostólica para a Igreja" e a renovação da IC.

O primeiro lado da moldura, o lado esquerdo a partir do qual a EG começa, é a alegria: "A Alegria do Evangelho enche o coração e a vida inteira daqueles que se encontram com Jesus. Quantos que se deixam salvar por ele são libertados do pecado, da tristeza, do vazio interior, do isolamento. Com Jesus Cristo, renasce sem cessar a alegria" (EG, n. 1).

O segundo lado da moldura, o lado direito, é a missão. "A alegria do Evangelho que preenche a vida da comunidade de discípulos é uma alegria missionária" (EG, n. 21). Na missão há inúmeros obstáculos, mas "os desafios existem para ser superados. Sejamos realistas, mas sem perder a alegria, a audácia e a dedicação cheia de esperança. Não deixemos que nos roubem a força missionária!" (EG, n. 109).

O terceiro lado da moldura, aquele que fica na base, é a *história*. A história é o campo da missão da Igreja e o lugar onde ela não apenas trabalha, mas escuta, discerne os sinais do Verbo. A *Evangelii Gaudium* nos diz:

O próprio Jesus é o modelo desta opção evangelizadora que nos introduz no coração do povo. Fascinados por este modelo, queremos inserir-nos a fundo na sociedade, partilhamos a vida com todos, ouvimos as suas preocupações, colaboramos material e espiritualmente nas suas necessidades, alegramo-nos com os que estão alegres, choramos com os que choram e comprometemo-nos na construção de um mundo novo, lado a lado com os outros. Mas não como uma obrigação, nem como um peso que nos desgasta, mas como uma opção pessoal que nos enche de alegria e nos dá uma identidade (EG, n. 269).

O quarto lado da moldura é o *Espírito Santo*. É o último capítulo da EG. O texto se baseia, portanto, em uma bela inclusão: começa com a alegria e termina lembrando que a evangelização é a ação misteriosa do Espírito e que o anúncio feito pela comunidade eclesial é um serviço de mediação de sua obra, uma diaconia do Espírito Santo. A IC deve se mover dentro dessas quatro coordenadas, desses quatro lados de uma única moldura.

1. Seis pinceladas para uma pintura com sabor de renovação

A *Evangelii Gaudium* constitui a bússola para a transformação missionária à qual temos sido chamados há muito tempo, e a resposta mais séria às questões colocadas pela iniciação cristã.

1.1 Primeira pincelada: uma Igreja "em saída"

a) *Repensar a IC de acordo com a inspiração catecumenal:* Um primeiro passo a ser dado, a fim de relançar o caminho começado com o Diretório Geral de Catequese, dentro da proposta de uma autêntica conversão missionária, é ajudar todas as comunidades paroquiais, especialmente as menores e aquelas em dificuldade, a se conscientizarem da urgência do momento presente e acolherem a necessidade de iniciar um verdadeiro caminho de renovação do seu modo de anúncio, a fim de se tornarem centros de irradiação e testemunho da experiência cristã.

b) *Oferecer um "primeiro anúncio" para crianças/jovens:* As orientações para o anúncio e a catequese da Conferência Episcopal Italiana (CEI) nos lembra de que a virada missionária da pastoral estimula a necessidade de partir novamente da implementação de uma fase de "primeiro anúncio", de "primeira evangelização", anterior à educação à fé (*Incontriamo Gesù* [IG], n. 32-42)[3], como etapa indispensável, perspectiva e dimensão fundamental do processo evangelizador, aquisição positiva da reflexão magisterial e catequético-pastoral contemporânea. Sobre esse ponto, parece-me que em qualquer Diretório, na segunda etapa, deveria tornar-se mais explícito, pois está ligado aos caminhos dos catecismos CEI, que davam essa etapa como certa.

c) *Propor um "segundo anúncio" aos adultos envolvidos:* Um terceiro passo a ser dado é propor um "segundo anúncio" aos pais, às famílias em geral e aos agentes pastorais. O projeto do Diretório deveria ser complementado nesse ponto também.

d) *Promover o cuidado pastoral batismal e dos "primeiros anos":* Como amplamente afirmado nos recentes estudos, e, de acordo com a revisão, ainda infelizmente ignorado por quase todas as paróquias, outro passo significativo a ser dado é iniciar ou consolidar caminhos pastorais pré e

---

3. CONFERENZA EPISCOPALE ITALIANA, *Incontriamo Gesù. Orientamenti per l'annuncio e la catechesi*, 29 giugno 2014, n. 32-42.

pós-batismais e de "primeira idade", seja em paralelo, seja como parte integrante daqueles para completarem a IC. Penso que a diocese deveria fazer um esforço maior nesse ponto, comprometendo-se com a formação de operadores, talvez com um compromisso direto da coordenação de catequese diocesana e promovendo-a em todas as paróquias.

1.2 Segunda pincelada: uma comunidade como "útero" da fé

A inspiração catecumenal da IC exige a recuperação de sua dimensão comunitária e eclesial.

a) *O apoio da Igreja diocesana:* A primeira referência natural à Igreja é a diocesana: o Magistério Episcopal local, de fato, torna-se o ponto de referência no qual se funda a renovação. A carta pastoral do bispo diocesano, o Diretório sobre a IC, os encorajamentos e os momentos de revisão periódicos e conclusivos promovidos pela Comissão da CEI e da CNBB são os meios mais frequentemente utilizados para promover a renovação da IC. Um passo a mais poderia consistir na preparação de indicações diocesanas "compartilhadas", fruto de sinergias entre os organismos diocesanos de participação e as paróquias, operacionalizadas por meio da ação de uma Comissão/Grupo de Trabalho (formada por membros de vários organismos diocesanos) que, além de "produzir" indicações práticas, se comprometam em se tornar tutores das comunidades paroquiais que pretendam empreender esses novos caminhos ou que estão lutando para começar. Isso manteria vivo o vínculo com a Igreja diocesana e daria o apoio necessário para uma caminhada contínua e compartilhada.

b) *A paróquia como "lugar comum" da IC:* É preciso despertar a consciência de pertencer a uma comunidade paroquial:

trata-se, em certo sentido, de fazê-los passar de uma pertença puramente "sociológica" para uma pertença "eclesial". Tornar as comunidades missionárias significa também enraizá-las em seu centro, que é a celebração eucarística dominical. A paróquia encontra aqui seu fundamento eclesial último: a Eucaristia faz a Igreja, porque a participação do corpo eucarístico do Senhor une todos em seu corpo místico, enquanto, por sua vez, a Igreja faz a Eucaristia.

c) *Sinodalizar a IC com o constante diálogo entre pároco, CPP, grupo de acompanhamento...*: Tudo isso se dá necessariamente por meio das pessoas, e é por isso que é preciso ser capaz de reenvolver, remotivar e redefinir a comunidade paroquial: os catequistas, os pais, os padres. Toda a comunidade paroquial, os diversos agentes de pastoral, os próprios animadores, os diversos grupos, congregações e movimentos devem se sentir ativamente responsáveis por gerar as novas gerações para a fé cristã.

- O pároco: Ele não é *factótum* da paróquia, mas o catalisador, ou seja, o "facilitador de processos"; não pode e não deve cuidar de tudo na IC, mas tem principalmente o papel de "diretor" do caminho, compartilhando com a equipe de formação o discernimento dos candidatos, especialmente nos momentos de transição de uma etapa para outra, e promovendo a corresponsabilidade eclesial.
- O Conselho Pastoral Paroquial: Respondendo à sua função principal de estudar, avaliar e propor conclusões práticas em relação às atividades pastorais concernentes à paróquia, o Conselho, presidido pelo pároco, é chamado a analisar a realidade da IC assim como vivida na paróquia, ou seja, se a comunidade, nos últimos anos, iniciou verdadeiramente as novas gerações à vida cristã; se elas ainda vivem na paróquia a experiência cristã e a Eucaristia

dominical; qual é a experiência cristã de suas famílias; o que faltou no processo de IC, apesar dos esforços. A leitura da realidade deve, então, levar a um sério discernimento, a fim de projetar itinerários de IC que atendam às necessidades da realidade paroquial, em harmonia com o caminho catequético da diocese, permitindo assim que a Igreja se torne concreta em uma terra concreta.

- O grupo de acompanhamento: A responsabilidade primária da comunidade cristã não pode ser realizada se não tomar a forma de um verdadeiro grupo de acompanhamento da IC, capaz de envolver de fato a comunidade e a família; trata-se de um grupo de pessoas, em sua maioria agentes pastorais, capazes de tecer relações educativas em torno da criança. Como se trata de um aprendizado de vida cristã, o processo global envolve uma série de figuras educativas na comunidade paroquial: o pároco e os padres seus colaboradores, os religiosos, os catequistas-acompanhantes, os animadores da liturgia, da Caritas e do oratório, os educadores da Ação Católica ou de outros grupos-associações-movimentos presentes na paróquia, e os padrinhos.
- O catequista-acompanhante: O IG, no n. 73, afirma: "O catequista é um crente que se coloca dentro do projeto de amor de Deus e se disponibiliza a segui-lo; como testemunha da fé, vive a resposta ao chamado dentro de uma comunidade com a qual está vitalmente unido, que o convoca e o envia a anunciar o amor de Deus; é capaz de uma identidade relacional, apta a realizar sinergias com os outros agentes da educação; desempenha a tarefa específica de promover itinerários orgânicos e progressivos para favorecer a maturação global da fé em um determinado grupo de interlocutores; com certa competência pastoral, elabora, verifica e compara constantemente a

sua ação educativa no grupo dos catequistas e com os presbíteros da comunidade; harmoniza as linguagens da fé – narrativa, bíblica, teológica, simbólico-litúrgica, simbólico-experiencial, estética, argumentativa – para estabelecer uma ação catequética que leve em conta o sujeito na totalidade de sua capacidade de aprendizagem e de comunicação; põe-se à escuta dos estímulos e das provocações provenientes do ambiente cultural em que vive".

De discípulo, o catequista se torna uma testemunha da fé que acolheu em sua vida e é chamado a ser um missionário no mundo de hoje, deixando transparecer a forte paixão educativa que caracteriza seu estilo. O catequista, portanto, deve possuir habilidades que resumimos em um decálogo:

a) compreender a formação cristã como um caminho;
b) enriquecer a compreensão de seu papel com o objetivo de ser um acompanhante da jornada pessoal na vida de fé;
c) compreender as mudanças que estão ocorrendo na cultura educacional;
d) crescer na capacidade de comunicar o essencial;
e) crescer na capacidade de comunicar experiências de fé;
f) crescer na lógica de personalizar os percursos de fé;
g) crescer na capacidade de envolver as famílias;
h) crescer na capacidade de realizar atividades de formação com os pais;
i) aprender a animar um grupo e a trabalhar em equipe;
j) aprender a trabalhar com outras figuras educacionais na comunidade e na área local.

À luz do que emergiu das últimas discussões de estudiosos, parece necessário que o Diretório forneça ajuda válida tanto para a formação básica dos catequistas quanto para o que eu chamaria de "formação aprofundada". As modalidades (diocesana ou regional) poderão ser escolhidas de acordo com as exigências e possibilidades, assim como a oportunidade de um certificado de participação no final do curso. O importante é promover e implementar a formação.

1.3 Terceira pincelada: a família envolvida e acompanhada

a) *Redescobrindo o papel primário na criação dos filhos:* A proposta atual considera as famílias como uma realidade fundamental para a educação cristã de seus filhos, oferecendo-lhes a oportunidade de assinar um pacto de corresponsabilidade com a comunidade cristã pela "educação da fé" daqueles que geraram para a vida. As principais experiências italianas renovadas de IC preveem uma participação constante dos pais nas jornadas iniciadoras dos filhos, deslocando de fato e gradualmente o centro gravitacional dos jovens para os adultos. Não se trata de menosprezar o itinerário das crianças, mas de avançar significativamente para um verdadeiro processo de catequese dos adultos, na convicção de que essa é a melhor premissa para garantir, ao mesmo tempo, o sucesso da ação pastoral com as crianças. O Diretório Geral para a Catequese (DGC) enfatiza que: "Os pais são os primeiros educadores na fé. Junto com eles, especialmente em certas culturas, todos os membros da família têm uma tarefa ativa na educação dos membros mais jovens" (DGC, n. 255). Essa tarefa dos pais assume a forma de ajudar os filhos a descobrir sua singularidade, a razão pela qual vieram ao mundo, e é completada pela ação de conduzi-los em direção à experiência com Deus.

b) *Despertando a fé:* O envolvimento ativo e responsável da família na IC de seus filhos, em um paradigma missionário da comunidade paroquial, também se torna uma oportunidade favorável para promover o despertar da fé. Nesse sentido, a pastoral batismal é o momento mais propício para redescobrir e aprofundar a mensagem cristã, uma vez que a experiência da paternidade e da maternidade introduz uma "novidade" na vida das pessoas: é como um verdadeiro nascimento/renascimento, tanto do ponto de vista humano quanto da fé.

c) *Envolver progressivamente:* É evidente que o pedido dos sacramentos para os filhos ainda hoje constitui uma grande oportunidade pastoral a ser acolhida e valorizada. Se, por um lado, de fato, é necessário "educar" o pedido do sacramento para transformá-lo em um pedido de ajuda para o crescimento cristão das crianças, por outro lado, é fundamental considerar os pais como destinatários do Evangelho, educando o pedido do itinerário para os filhos até que se torne um pedido de ajuda para o próprio caminho deles, seja pessoal, seja familiar, de fé e de experiência cristã.

Parece-me que o Diretório não explicita como envolver as famílias, por isso, olhando para o panorama das experiências na Itália, são delineados pelo menos quatro tipos de envolvimento das famílias nos itinerários de iniciação das crianças: catequese *para* as famílias, *nas* famílias, *com* as famílias e *familiar*.

A catequese para as famílias é a forma mais difundida entre as propostas atualmente presentes nas paróquias: são reuniões para os pais de crianças catequizadas sobre vários tópicos.

A catequese em família consiste em viver, em determinadas épocas do ano, ou durante todo o itinerário, o ambiente doméstico como "lugar favorável" para que a fé cristã brote e cresça, como centro de irradiação do Evangelho e como ponto de acolhida (a "casa") para todos.

A catequese com as famílias inclui todas as experiências que as propõem como sujeitos ativos do caminho de fé. O quarto tipo, a catequese familiar, é o mais exigente porque prevê um caminho no qual o pai, ajudado pela comunidade, gradualmente se torna o catequista do filho. Uma característica comum a todas as experiências de envolvimento das famílias no IC é a gradualidade, que é a própria condição para a mudança, pois favorece o respeito às situações e restrições existentes.

Uma segunda indicação vem, por outro lado, do conteúdo predominante das propostas, que pode ser resumido em três níveis formativos: o reflexivo, o experiencial e o comemorativo.

Uma terceira indicação vem da observação global do itinerário das crianças (0-12 anos): se o envolvimento dos pais começa com o pedido de batismo para o filho e "termina" com a inclusão do iniciado em um itinerário sério de fé juvenil, percebemos que se torna necessário iniciar os itinerários de fé já no momento da preparação ao matrimônio, com um cuidado especial da comunidade paroquial em acolher e acompanhar o casal após o casamento e enquanto espera o filho.

d) *Reavaliação do papel dos avós:* Uma novidade no atual contexto sociocultural é a reavaliação do papel educacional dos avós também com relação à transmissão da fé cristã às novas gerações. A figura do avô representa hoje uma das presenças mais importantes no mundo relacional das crianças, pois é ele quem, ao transformar a história da família em um conto de fadas, preserva e transmite o senso de pertencimento, ou seja, a possibilidade de se sentir parte de uma história.

1.4 Quarta pincelada: as crianças como protagonistas de sua jornada

a) *Pensando na catequese experimental:* Inspirados no catecumenato, os itinerários não podem apenas propor conteúdos às crianças/jovens, mas têm o objetivo de fazê-los vivenciá-los, de modo que o itinerário seja realmente um aprendizado da vida cristã. Como se trata, então, de um itinerário pessoal, o protagonismo também implicará a personalização do ato de fé: a criança/o jovem será solicitado a expressar seu assentimento de fé ao chamado de Jesus, de acordo com sua idade e com a experiência que possui, sabendo que, à medida que crescer, poderá/deverá reconfirmá-lo. O mundo adulto que os acompanha é chamado a implementar ações concretas, capazes de promover esse protagonismo de sua parte, por meio da pedagogia clássica da *traditio-receptio-redditio* (entrega-recepção-restituição).

b) *Elaboração de itinerários diferenciados:* O contexto social, religioso e eclesial da vida das crianças/jovens que pedem para iniciar o itinerário da IC hoje é multiforme e notavelmente variado. A atenção a cada criança e ao seu protagonismo exige que se leve em conta sua situação real para adaptar o caminho a ela. Esses itinerários diferenciados incluem os da infância missionária e da perseverança, desde que tenham certas características específicas: uma catequese sistemática, um itinerário incluído no caminho paroquial, a participação de educadores e líderes nas reuniões de formação organizadas pela igreja local.

c) *Atenção aos deficientes:* Nesse contexto de personalização dos caminhos, também inserimos a atenção às pessoas portadoras de necessidades especiais. O resultado da catequese para essas pessoas visa a sua "inclusão" na catequese ordinária, sabendo como ativar as atenções que as situações de deficiência exigem.

1.5 Quinta pincelada: rumo a uma formação na totalidade da vida cristã

a) *Articular os caminhos em itinerários:* É necessário assumir o conceito de "itinerário" como uma forma de implementar a IC. O itinerário consiste em um caminho confiante, consistente, concreto e articulado, que se desenrola, em etapas subsequentes, de um ponto de partida (situação inicial) a um ponto de chegada (meta formativa). O itinerário de iniciação deve ser: modelado na história da salvação; respeitoso do crescimento/desenvolvimento do jovem; articulado em tempos e etapas; seguir escolhas metodológicas precisas, principalmente a da *traditio/redditio*.

b) *Vincular e articular as várias experiências em etapas:* Os caminhos a serem criados, portanto, devem se basear em uma pluralidade de experiências organicamente ligadas entre si: escuta da Palavra, celebrações e momentos de oração, testemunho, experiência de vida comunitária, exercício e compromisso com a vida cristã segundo o estilo do Evangelho.

c) *Aberto ao aprendizado contínuo e à presença no mundo:* Os caminhos iniciáticos, no entanto, não devem se limitar ao tempo da IC, mas devem "lançar as bases" para outros percursos de educação permanente da fé dos agentes envolvidos no processo de formação (equipe de formação, pais, irmãos, avós, padrinhos etc.). Em particular, será necessário reiniciar o percurso de fé dos pais e da família em geral, levando-os, ao final do itinerário de iniciação de seus filhos, a continuar sua formação nos grupos de adultos que a paróquia oferece. Os itinerários mistagógicos das crianças, por outro lado, deverão ser sempre concluídos com cuidado e atenção, de modo que o iniciado seja introduzido nos percursos de formação ordinária dos adolescentes e jovens da paróquia e/ou do centro de pastoral juvenil.

Finalmente, o resultado natural de toda a ação iniciática eclesial é a possibilidade de o jovem viver seu compromisso cristão no mundo, "encarnando" assim sua fé e concretizando seu ser cidadão consciente e ativo no cuidado do bem comum (promoção humana, ação social e política, transformação da sociedade, ação educativa e cultural, promoção da paz, compromisso ecológico).

1.6 Sexta pincelada: a centralidade do domingo e da Eucaristia

a) *Domingo, dia do Senhor, da comunidade e da iniciação:* Concentrar tudo no domingo não significa trazer todo o percurso formativo para o dia da festa, mas sim trazer para ele os momentos comunitários e familiares mais importantes, criando oportunidades de encontro e convivência, incentivando a participação da família, gradual e adequadamente preparada, da Eucaristia comunitária, para que ela se torne o centro de onde tudo flui, *fons et culmen* (manancial e ápice) da vida do crente.

b) *A Eucaristia, lugar e tempo privilegiados do percurso:* Nessa linha, a Eucaristia dominical, como amplamente afirmado nos documentos da Igreja, constitui o momento essencial e sintético também da iniciação aos sacramentos, bem como da mistagogia, por meio dos sacramentos. É oportuno reapresentar o domingo como "dia do Senhor" (de sua Páscoa da qual a Eucaristia é o memorial), "dia da Igreja" (uma experiência de comunhão compartilhada entre todos os seus membros e difundida em toda a paróquia), "dia do homem" (a dimensão festiva revela o sentido do tempo e abre o mundo à esperança), "dia da iniciação" (a comunidade retoma a posse de sua maternidade, que gera a fé).

Nesse contexto, então, embora concordando em nível teórico com a recuperação do significado teológico unitário dos três sacramentos em vista da Eucaristia, parece-me que nem a mudança da idade da Confirmação nem a inversão da ordem dos sacramentos sejam escolhas que mudem o resultado da IC, mas sim o "aprendizado" adequado da vida litúrgica, capaz de fazer descobrir os profundos significados teológico-litúrgico-espirituais dela. Se a Eucaristia dominical, vivida com a família, se tornar um *habitus*, então, mesmo depois da IC, o jovem sentirá a necessidade e o desejo de voltar a ela para obter cada domingo a graça sacramental, a fim de ter o alimento sem o qual a vida perderia o sabor.

A centralidade do domingo e da Eucaristia permitirá que a comunidade se torne novamente um "útero materno" que inicia e faz crescer na fé.

Conclusão

Parece-me que, concentrando-se na comunidade, na família e nas crianças, investindo na formação dos operadores, apoiando o Diretório com itinerários concretos e viáveis e projetando um trabalho pastoral para uma paróquia com um rosto e um espírito missionário, novas formas de IC podem ser implementadas ou reativadas, encarnadas no território e voltadas para a formação global da criança/jovem na vida cristã, que brota dos sacramentos celebrados.

Se vocês tiverem a paciência do agricultor, os pequenos passos que derem poderão levá-los, por meio da presença transformadora do Senhor Ressuscitado, aos resultados esperados. Isso, afinal, é o que desejo que aconteça também com a ajuda e o estímulo de minha oração desta noite[4].

Referências

CONFERENZA EPISCOPALE ITALIANA. *Incontriamo Gesù. Orientamenti per l'annuncio e la catechesi*, 29 giugno 2014, n. 32-42.

FRANCISCO, Papa. Avere coraggio e audacia profetica. Dialogo di papa Francesco con i gesuiti riuniti nella 36ª Congregazione Generale. *La Civiltà Cattolica*, v. 167, n. 4 (dez. 2016) 417-431. Disponível em: https://www.laciviltacattolica.it/wp-content/uploads/2016/11/Q.-3995-3DIA LOGO-PAPA-FRANCESCO-PP.-417-431.pdf. Acesso em: 03 jul. 2022.

_____. *Exortação Apostólica Evangelii Gaudium [A alegria do Evangelho]*. Brasília: CNBB, 2013.

PAULO VI, Papa. *Exortação Apostólica Evangelii Nuntiandi*. São Paulo: Paulinas, 1986.

SCIUTO, C. *Rinnovare l'iniziazione cristiana. Possiamo fare così. I criteri del cambiamento*. Bologna: EDB, 2016. (Collana "Formazione catechisti").

---

4. Mais detalhes podem ser encontrados em: Sciuto, C., *Rinnovare l'iniziazione cristiana. Possiamo fare così. I criteri del "cambiamento"*, EDB, Bologna, 2016. (Collana "Formazione catechisti").

A Iniciação à Vida Cristã

Washington Paranhos, SJ[1]

Introdução

É importante nos colocarmos no momento histórico que estamos vivendo: é um momento de transição e graça, um momento favorável que o Espírito nos dá para viver a vida cristã de forma mais significativa, dentro de nossa existência.

Gosto de pensar a *Evangelii Gaudium* como o "quadro apostólico da Igreja", considerando uma passagem do Papa Francisco:

---

1. *Washington Paranhos, SJ* é presbítero jesuíta. Doutor em Teologia pela Universidade Pontifícia Salesiana de Roma, na área de Teologia Litúrgica e Sacramental. Professor e pesquisador de Teologia na Faculdade Jesuíta de Filosofia e Teologia – FAJE, atuando na graduação, na pós-graduação e na extensão. Líder do Grupo de Pesquisa "A recepção da Reforma litúrgica e o debate litúrgico-sacramental contemporâneo". Editor da revista eletrônica da FAJE – *Pensar*, além de atuar como editor do eixo "Liturgia e Sacramentos", de *Theologica Latinoamericana*, enciclopédia digital. Membro da ASLI – Associação de Liturgistas do Brasil e da Jungmann Society – Associação Internacional de Jesuítas Liturgistas.

Recomendo-lhes *Evangelii Gaudium*, que é uma moldura. Não é original, nisto quero ser muito claro. Reúne *Evangelii Nuntiandi* e o documento de *Aparecida*. Embora tenha vindo depois do Sínodo sobre a Evangelização, a força de *Evangelii Gaudium* foi retomar esses dois documentos e refrescá-los para voltar a oferecê-los em um prato novo. *Evangelii Gaudium* é o quadro apostólico da Igreja de hoje (FRANCISCO, 2016, 428).

A iniciação cristã faz parte do amplo horizonte da evangelização. Constitui um dos âmbitos mais importantes da missão da Igreja e uma pedra angular da sua ação pastoral. Com efeito, a iniciação cristã não é apenas uma das muitas atividades da comunidade cristã, mas a atividade que qualifica a expressão própria da Igreja no seu envio para gerar fé e realizar-se como mãe. Consciente do seu grande valor, a Igreja sempre investiu as suas melhores energias na iniciação cristã e sempre se interrogou sobre as formas mais adequadas de realizá-la.

Os padres conciliares propuseram a renovação dos ritos sacramentais no primeiro documento que o Concílio promulgou, a Constituição sobre a Sagrada Liturgia *Sacrosanctum Concilium*, em 1963[2]. Esse documento conciliar fala da importância do sacramento para a vida cristã:

> A finalidade dos sacramentos é a santificação do povo, a formação do corpo de Cristo e, enfim, o culto divino. Por serem sinais, os sacramentos também pertencem ao âmbito da instrução e não só pressupõem a fé, mas também nutrem, fortalecem e expressam a fé por meio de palavras e objetos. Daí o nome de sacramentos de fé. Eles conferem verdadeiramente a graça, mas, além disso, o ato mesmo da celebração é eficaz para preparar as pessoas para receberem essa graça, para adorar a Deus

---

2. Concilium Oecumenicum Vaticanum II, Constituição Conciliar *Sacrosanctum Concilium*. Sobre a sagrada liturgia. *AAS* 56 (1964) 97-134.

devidamente e para praticar a caridade. Portanto, é de suma importância que os fiéis entendam facilmente o simbolismo dos sacramentos para frequentá-los fervorosamente, a fim de nutrir a vida cristã (SC, n. 59).

O Rito da Iniciação Cristã de Adultos[3] que possuímos nos dias de hoje é a restauração de um antigo modelo de iniciação. Por isso, será conveniente lançar um olhar na história da iniciação cristã no decorrer dos séculos.

É muito pouco o que sabemos a respeito dos ritos de iniciação ou de preparação para esses ritos no período do Novo Testamento. As Escrituras indicam que o batismo era conferido em nome da Trindade (por exemplo, em Mt 28,19) e, algumas vezes, em nome do Senhor Jesus (por exemplo, em At 8,16). O texto de Romanos 6 dá a entender que o batismo podia ser conferido mediante a imersão em uma piscina, simbolizando a descida à sepultura para ressuscitar para a vida nova com Cristo. Sabemos, graças a provas arqueológicas, que essa era a forma de celebração do batismo nos séculos seguintes, mas é possível também que o rito tenha evoluído depois da época do Novo Testamento, conforme se deduz da descrição simbólica feita por Paulo.

De qualquer modo, sabemos com certeza que, nos primeiros séculos da vida da Igreja, o batismo era principalmente celebrado para adultos. A partir do dia de Pentecostes, os primeiros cristãos começaram a pregar o Evangelho a adultos e chamavam-nos à conversão de vida, que fazia parte da celebração do batismo. É provável

---

3. Congregação para o Culto Divino e a Disciplina dos Sacramentos, *Ritual da Iniciação Cristã de Adultos*, São Paulo, Paulus, 2001. A primeira edição em português pelas Paulinas é de 1973. Em 2001, foi preparada pela CNBB e publicada pela Paulus uma nova edição do mesmo texto com disposição e diagramação mais lógica e clara, com o título *Ritual da Iniciação Cristã de Adultos*. A partir deste momento: RICA.

que as crianças também fossem batizadas quando famílias inteiras se convertiam, mas o certo é que a maior parte dos iniciados na Igreja era adulta.

1. A passagem da cristandade à pós-cristandade

A cristandade é aquele mundo que muitos de nós experimentamos, porque crescemos em uma realidade em que a fé cristã era quase "respirada com o ar". As mesmas coisas que nossa avó dizia para nós em casa, a professora nos dizia na escola e nós as ouvíamos no meio social. A vida era ritmada por referências ao mundo cristão, por exemplo, do ponto de vista do tempo ou dos provérbios, das imagens religiosas que eram o pano de fundo da existência. Tudo isso criou aquele clima de tradição cristã dentro do qual acolhemos a fé e depois a expressamos em nossas vidas. A tradição é necessária, porque todos precisamos de raízes, todos sentimos que as nossas escolhas são ajudadas pelo ambiente em que vivemos. Essa era a razão pela qual Bento XVI, mesmo nas suas viagens à Europa, continuava convidando todos a não perderem as suas raízes.

A chamada "cristandade", portanto, tinha valores que hoje corremos o risco de perder em parte, mas também tinha limites: todos se consideravam cristãos, mas poderia acontecer que alguns nunca viessem a escolhê-lo. Lembremo-nos da célebre frase de Tertuliano: "Não se nasce cristão, mas se torna"; na cristandade, por outro lado, nasce-se cristão com o risco de nunca se tornar um.

A pós-cristandade, por sua vez, é a época em que ser cristão não é mais pertencer à maioria, a uma tradição, a um clima que se respira; é uma escolha. Vocês podem pensar: "Mas como você pode dizer isso, quando nas paróquias todos, ou quase todos, pedem o batismo, enviam seus filhos para a catequese e parece que muito pouco mudou?". Se pararmos na questão sacramental, parece que ainda estamos na cristandade, mas, se olharmos para as escolhas concretas da vida, para os valores que inspiram essas escolhas, agora ser cristão é para quem o escolhe, já não é para todos. Mesmo que todos tenham recebido os sacramentos, isso não significa que todos sejam cristãos: são cristãos do ponto de vista dos sacramentos, mas, muitas vezes, não o são do ponto de vista da vida.

Este nosso tempo é chamado de "pós-cristandade", porque é um pouco como os dias do paganismo, quando os cristãos eram poucos em comparação com as massas e tinham que fazer escolhas caras para se tornarem cristãos. Esse é precisamente o aspecto positivo: também hoje Jesus Cristo pode voltar a ser uma escolha; o Evangelho pode ser novamente uma realidade em que aposta quem quer, por entender que vale a pena.

É inútil, portanto, lamentar a cristandade perdida; este é o nosso tempo: devemos senti-lo como uma provocação positiva, mudando a nossa forma de fazer pastoral e catequese. De fato, se pensarmos que os cristãos "já existem" (e muitas vezes continuamos a pensar nesses termos), trata-se de propor atividades para que possam ser preservados, mantendo a fé. Porém já não é bem assim: os cristãos são "para serem feitos". Mesmo aqueles que são cristãos no nome muitas vezes não são cristãos de fato. Cada vez mais há não apenas cristãos não praticantes, mas até mesmo cristãos (batizados) não crentes.

Muitas vezes nos perguntamos: "Onde estão aqueles que estão longe em nossas paróquias?"; são precisamente aqueles que vêm pedir-nos os sacramentos, que enviam os seus filhos para a catequese! Porque há cada vez mais pessoas que não têm Jesus e o Evangelho como referência. Por isso, os nossos bispos falam há anos de reevangelização, do primeiro anúncio, isto é, de reanunciar Jesus Cristo àqueles que nunca o encontraram e conheceram, de despertar neles uma fé adormecida.

Ser cristão é o grande desafio de hoje. É um desafio que confiamos ao Espírito do Ressuscitado, porque ele nos pede uma força que vem do alto; só o Espírito pode fazer cristãos. Mas, ao mesmo tempo, é um desafio que também nos diz respeito: Deus é sempre aquele que nos chama em causa, que também nos pede para desempenhar um papel de liderança.

Devido a este contexto cultural e religioso, já há alguns anos começamos a falar de iniciação cristã. Antes, esse termo não era muito utilizado porque a fé era um fato adquirido, um pressuposto, diferente do que se compreende hoje.

A renovação da liturgia desejada pelo Concílio Vaticano II (1962-1965) ordenou a revisão de todos os ritos que chamamos de "sacramentos". A renovação da nossa vida sacramental abrange não só a elaboração e a implantação de novos rituais, mas também a reformulação dessas ações básicas que definem a nossa identidade como Igreja. Mas o que, afinal, significa a iniciação cristã?

2. Perspectiva geral

A publicação, em 1972, do *Ordo initiationis christianae adultorum*[4] e a sua tradução nas várias línguas com o título de *Ritual da Iniciação Cristã de Adultos*[5] resgataram pouco a pouco para o uso pastoral uma expressão quase esquecida. Anteriormente, a iniciação cristã vinha nominada apenas nos textos de história da Igreja e da liturgia[6]. A práxis pastoral ordinária não tinha nenhuma necessidade de recorrer a essa expressão: simplesmente se administrava

---

4. RITUALE ROMANUM, *Ordo Initiationis Christianae Adultorum. Ex decreto Sacrosancti Oecumenici Concilii Vaticani II, instauratum auctoritate Pauli PP. VI promulgatum*, Editio Typica, Typis Polyglottis Vaticanis, 1972. (Reimpressio emendata, 1974).
5. Veja a nota 2 deste artigo.
6. Para uma reconstrução da história deste debate, cf. Caspani, P., *La pertinenza teologica della nozione di iniziazione Cristiana*, Milano, Glossa, 1999. (Dissertatio, 7).

o batismo às crianças recém-nascidas e os outros sacramentos para crianças e adolescentes que frequentavam a catequese preparatória, como, aliás, continuamos a fazer ainda hoje.

Os agentes de pastorais – primeiramente os párocos – conhecem bem, no entanto, o insucesso dessa socialização religiosa: a maior parte daqueles que recebem a crisma aos doze, quatorze ou aos dezoito anos logo depois deixa de participar da Eucaristia e da vida paroquial. O que acontece? Quem transmite à Igreja o método para interpretar em profundidade as perguntas e os desejos do homem de hoje é o Concílio:

> Para levar a cabo esta missão, é dever da Igreja investigar a todo o momento os sinais dos tempos, e interpretá-los à luz do Evangelho; para que assim possa responder, de modo adaptado em cada geração, às eternas perguntas dos homens acerca do sentido da vida presente e da futura, e da relação entre ambas. É, por isso, necessário conhecer e compreender o mundo em que vivemos, as suas esperanças e aspirações, e o seu caráter tantas vezes dramático. Algumas das principais características do mundo atual podem delinear-se do seguinte modo (GS, n. 4).

O RICA, que em si é um livro litúrgico, um ritual, conhecido por muitos estudiosos e agentes de pastorais, oferece a sensação de que finalmente foi encontrado um nome compreensivo para tudo aquilo que se estava tentando realizar na pastoral catequética: *iniciação cristã*, na verdade! Esse texto, de fato, não regula apenas a celebração dos sacramentos do Batismo, Confirmação e Eucaristia aos adultos, mas também o caminho catequético e ritual anterior e seguinte: a) o pré-catecumenato, b) o catecumenato e c) a mistagogia.

2.1 Terminologia

A terminologia – *iniciação cristã* – tornou-se quase uma palavra de ordem a partir dos anos 1980[7]. A intuição inicial, porém, não foi sempre desenvolvida corretamente, dando origem a equívocos e disputas que em parte se arrastam até hoje[8]. Aqui nos empenharemos em fazer uma proposta que leve em consideração a história da reflexão teológica do processo da iniciação cristã. Por isso, devemos advertir que a palavra "iniciação" designa os três sacramentos que constituem tal processo: *Batismo, Confirmação* e *Eucaristia*. Os dois primeiros são celebrados uma única vez, porque, do ponto de vista da dogmática, constituem *o ser* e *o agir do cristão*; enquanto o terceiro, celebrado uma primeira vez como o coroamento dos outros dois, é a sua fonte e é repetido como o sacramento da construção contínua da Igreja (NOCENT, 1986, 12).

Realmente, na antiguidade, tanto do ponto de vista bíblico como da patrística, com a iniciação que normalmente comportava provas e ritos simbólicos, o indivíduo vinha admitido para fazer parte de um grupo religioso ou social. O processo iniciático, presente em muitas religiões e também em comunidades profanas, se conclui, via de regra, com um rito particular, graças ao qual o candidato faz o seu ingresso definitivo no novo grupo e se torna iniciado. Esse processo iniciático em âmbito cristão previa diversas etapas, que nem sempre eram consideradas sacramentos nem partes da iniciação cristã.

Porém, quando falamos de *iniciação cristã*, usamos uma terminologia que precisa ser explicada. Na linguagem falada hoje, o

---

7. Mesmo reconhecendo as várias publicações e documentos já nos anos 1970, percebe-se que é nos anos 1980 que a temática ganha força e são elaborados projetos e estudos mais orgânicos.
8. Para essa reconstrução da história, recorremos mais uma vez a Caspani, op. cit.

termo "iniciação" é relativamente pouco frequente e, quando usado, é para se referir a uma escala de experiência muito diferente: iniciar ou introduzir uma pessoa no conhecimento de uma ciência, de uma profissão, de uma arte etc. Em sentido genérico, o termo exprime um fenômeno humano geral que se refere ao processo de adaptação, de aprendizado e de socialização que cada pessoa humana é obrigada a realizar em relação ao ambiente físico, social, cultural e religioso em que se encontra: é um processo que coloca o indivíduo na condição de conformar-se às regras, diretrizes e opiniões próprias do ambiente em que vive. A iniciação é, portanto, uma condição universal da existência humana, embora assuma diversas modalidades e formas de acordo com os povos e as épocas (AUGÉ, 2010, 13).

A terminologia "iniciação cristã" é uma expressão nova em relação à tradição linguística do cristianismo ocidental; não provém da linguagem bíblica, mas da religiosa, particularmente das antigas religiões "mistéricas"; faltava nos catecismos, nos manuais de teologia e nas Sumas teológicas da Escolástica. Se, por um lado, a linguagem parece nova, por outro, a expressão não era desconhecida no mundo patrístico (AUGÉ, 2010, 14). A expressão "iniciação cristã", no sentido que hoje entendemos, começa a ser usada na obra de Duchesne sobre as origens do culto cristão[9]. Ele foi o primeiro autor a empregar a expressão a partir do século XVIII, para designar o Batismo, a Confirmação e a Eucaristia (cf. DUCHESNE, 1925)[10].

---

9. Segundo P. M. Gy, é a partir dele que se verifica o termo e a ideia de iniciação cristã progredir no mundo cristão, tomados pelos liturgistas e pelos teólogos. Cf. Gy, P. M., La notion chrétienne d'initiation. Jalons pour une enquete, *La Maison-Dieu*, n. 132 (1977), 33-54. Mas podemos encontrar o mesmo texto em: Gy, P. M., *La notion chrétienne d'initiation. Jalons pour une enquête*, in: id. (Ed.), *La liturgie dans l'histoire*, Paris, Cerf, 1990, 17-39.
10. Esta obra contou com quatro edições: 1889, 1898, 1903 e 1925.

A obra de Duchesne é fundamental para entender o valor e o significado do estudo da liturgia, de modo que depois dele se começará a falar de "iniciação cristã", aplicada aos três sacramentos. A este respeito, deve-se dizer que Duchesne se distanciou do uso da expressão "edificação espiritual", muito usada nas obras eclesiásticas que, no final do século passado, interessavam-se por liturgia. O caráter extremamente histórico da obra faz dela um verdadeiro estudo da liturgia, de modo que podemos considerá-la uma das principais fontes de pesquisa sobre o assunto. Depois de Duchesne, o termo e a ideia de iniciação cristã ganharam sempre mais força, a partir dos liturgistas, influenciando também os teólogos. Com o aproximar-se da Segunda Guerra Mundial, a difusão da noção de iniciação cristã integra-se com a influência exercida naquele tempo por Odo Casel. Assim, a categoria de iniciação cristã encontrou-se implicada na importantíssima relação entre cristianismo e religiões mistéricas (cf. CASPANI, 1999, 143-217).

Na sua etimologia, o termo significa "introdução", do latino *initium* (= princípio, início), que deriva de *in-ire* (= entrar, começar). O termo sugere, portanto, alguma coisa para além da ideia de iniciar, comportando também a visão de introduzir alguém em alguma coisa. Nos autores latinos clássicos, usa-se o plural *initia* com o significado de "sacrifícios mistéricos" ou simplesmente "mistérios", o conjunto das cerimônias por meio das quais se "entra" na associação mistérica, participando dos benefícios e da salvação que derivam de tal ingresso. Muito depressa, portanto, o vocábulo foi enriquecido com conotações religiosas. Os *initia* eram, no sentido religioso do termo, os ritos que introduziam em uma nova condição, os *mystai* (iniciados nos mistérios). Com a crescente importância dos "mistérios" na era imperial, a iniciação mistérica acabava monopolizando, ou quase, o sentido religioso do termo. Desde então, e até os tempos modernos, qualquer outro uso dos termos "iniciação" e "iniciar alguém em alguma coisa" baseava-se em uma alusão implícita aos mistérios antigos (AUGÉ, 2010, 14).

Alguns estudiosos enfatizam muito mais o caráter ritual-operativo dos cultos mistéricos que os elementos ideológicos que são os pressupostos do aspecto operativo. Em todo caso, ambas as dimensões devem ser consideradas: os mistérios se apresentam como atos rituais, de tipo iniciático, assumindo, em cada caso, um esquema mitológico e uma ideologia. Odo Casel tentou oferecer uma definição (AUGÉ, 2010, 15):

> O mistério é uma ação sagrada de caráter cultual em que um acontecimento salvífico realizado por um deus, na forma de um rito, se torna atualidade; pelo fato de a comunidade de culto realizar este rito, ela participa do fato salvífico e assim conquista a salvação (CASEL, 1985, 95-96).

Embora reconhecendo a absoluta transcendência da revelação e do culto cristão, Casal espera poder encontrar um "tipo" comum mistérico, que, antecipado providencialmente nos mistérios pagãos, encontra no cristianismo o seu cumprimento e efetiva realização. Na verdade, entre o cristianismo e certas formas religiosas da antiguidade, mais precisamente as religiões mistéricas, existem pontos em comum. Trata-se, nos dois casos, de uma experiência na qual se necessita entrar sem querer fazê-lo em nome da tradição familiar e social, como era suposto pelas religiões da cidade. Em segundo lugar, tanto nas religiões mistéricas como no cristianismo, é anunciada uma "salvação" na qual os fiéis são introduzidos simultaneamente por meio dos ritos e de uma iluminação que pertence à ordem do conhecimento revelado ou reservado a quem pode revelá-la. Finalmente, o aspecto institucional das celebrações e da solidariedade entre "celebrantes" tem de ambos os lados traços característicos (AUGÉ, 2010, 15)[11].

---

11. É importante salientar, porém, que P. Gy destaca que a ideia de "iniciação" como caminho de progressiva preparação aos mistérios é estranha ao

A recuperação, relativamente recente, da noção de iniciação cristã, embora desprovida de uma determinação teológica mais precisa e consensual[12], sugere, no entanto, a exigência de uma compreensão dos sacramentos que, removendo-os da tendência ao isolamento na qual os relegava à síntese manuelística, nos mostra melhor a intrínseca referência à história do sujeito. Pertence, de fato, à mais recente estação da sacramentária, inaugurada pela reflexão teológica de Odo Casel: a superação de uma perspectiva teórica que elaborava a inteligência crítica do sacramento a partir da análise dos seus componentes, basicamente identificados e não sem dificuldade[13] na *matéria* e na *forma* que constituem o sinal sacramental. Para além das mais amplas reservas que podem ser levantadas contra a sacramentária do manual, certamente deve ser atribuída à sua sistematização dos dados teológicos uma perspectiva que a crítica julga consensualmente "objetivista", porque interpreta o sacramento por meio de categorias derivadas da observação do mundo material e deixa de integrar como componente intrínseco do evento litúrgico a história pessoal do fiel (BOZZOLO, 2002, 66).

---

cristianismo antigo; na realidade, para ele, existe uma noção patrística de "iniciação" que consiste no rito sacramental de passagem do estado catecumenal ao de fiel. Mais precisamente, trata-se de um rito no qual se descobrem as realidades da fé (cf. GY, 1990, 33-54).

12. Este foi o resultado alcançado por CASPANI, na sua tese: *La pertinenza teologica della nozione di iniziazione cristiana*, já citada várias vezes. Cf. MARTELLI, A., L'iniziazione Cristiana. Chiarificazione contenutistica previa, *Catechesi*, n. 71/2 (2002), 4-11.

13. É conhecido, a este respeito, o drástico juízo de Rahner, segundo o qual "toda a especulação medieval e moderna, elaborada para salvar um hilemorfismo sacramental de matéria e forma, de elemento e palavra também nestes dois casos (penitência e matrimônio), não vai além de um verbalismo vazio". RAHNER, K., Che cosa è un sacramento? in: id., *Nuovi saggi*, Roma, Paoline, v. V (1975) 473-491; aqui, 477.

O próprio termo "administração", de fato, deixa transparecer com clareza a ideia de que o sacramento se distingue da aplicação que se faz do sujeito, e, portanto, pode ser pensado fora do envolvimento da liberdade do indivíduo, sem considerar sua história[14]. A correção proposta pelo movimento litúrgico, e com autoridade acolhida pelo Magistério sem negar nada do que foi adquirido com a reflexão anterior, direcionou a teologia a pensar os sacramentos sob outra perspectiva, fazendo valer a exigência de assumir como categoria fundamental para a inteligência do ato sacramental aquela de "celebração". Os sacramentos são celebrações, a saber, em primeiro lugar, as ações: de Cristo e da Igreja (BOZZOLO, 2002, 67).

3. Iniciação à Vida Cristã

A "iniciação" é uma realidade complexa e rica que está no coração da vida. É um fenômeno que "possui uma raiz antiquíssima nas culturas humanas" (DNC 37). Trata-se, então, de uma realidade anterior ao cristianismo, inculturada com sucesso.

Em sentido geral, "iniciação" indica um conjunto de ritos e ensinamentos, cuja finalidade é levar a pessoa a uma radical transformação no seu estatuto social e religioso (BOROBIO, 1996, 19). Isso está fundamentado em um dos maiores estudiosos da antropologia religiosa, Mircea Eliade (1975, 10).

Iniciação era, no início do cristianismo, o nome que se dava ao processo pelo qual uma pessoa era incorporada ao mistério de Jesus Cristo (paixão, morte, ressurreição e glorificação). Os primeiros

---

14. Esse defeito parece ser confirmado pela definição de sacramento como "sinal eficaz da graça, instituído por Jesus Cristo e administrado pela Igreja", que não integra plenamente o componente da liberdade do sujeito na constituição do evento batismal, deixando a impressão de que ele permanece simplesmente o destinatário de uma realidade preestabelecida.

cristãos se serviram dos costumes antigos de religiões pagãs e de outras correntes religiosas para elaborar o caminho de iniciação à vida cristã[15].

Tal processo de iniciação cristã era denominado "catecumenato", do qual somente a pessoa adulta participava. Durante esse tempo, o candidato à vida cristã era chamado de "catecúmeno". O objetivo principal era mergulhar a pessoa no mistério de Cristo e da Igreja, preparando-a para receber os sacramentos da iniciação. A iniciação era feita em etapas, com ritos, gestos e símbolos. Dessa maneira, a pessoa aprendia e celebrava os mistérios da fé.

A palavra "iniciação", de origem pagã, tornou-se cristã. Significa "ir bem para dentro", "mergulhar", "entregar-se inteiramente". Indica uma profunda mudança de vida, de comportamento e de atitudes. Significa inserir-se, fazer parte de um novo grupo, agregar-se; viver intensamente a nova proposta e o projeto de vida daquele grupo assumido:

> Por iniciação cristã entende-se o processo pelo qual alguém é incorporado ao mistério de Cristo Jesus: não se reduz à catequese, mas inclui, sobretudo, a ação celebrativo-litúrgica. A catequese é

---

15. Para aprofundar, pode ser útil os seguintes textos: ALMEIDA, A. J., *ABC da iniciação cristã*, São Paulo, Paulinas, 2010, 25-50; BOLLIN, A.; GASPARINI, F., *A catequese na vida da Igreja. Notas de história*, São Paulo, Paulinas, 1998, 39-57; CNBB, *Iniciação à vida cristã. Um processo de inspiração catecumenal*, São Paulo, Paulus, 2010, 13-36 (Estudos da CNBB 97); id., *Com adultos, catequese adulta*, São Paulo, Paulus, 2001, 63-78. (Estudos da CNBB 80); id., *Iniciação à vida cristã. Itinerário para formar discípulos missionários*, Brasília, Edições CNBB, 2018, 29-39 (Documentos da CNBB 107); CARVALHO, H. R., *O ministério do catequista. Elementos básicos para a formação*, São Paulo, Paulus, 2015, 51-64; LIMA, L. A., *A catequese do Vaticano II aos nossos dias*, São Paulo, Paulus, 2016, 27-31; NERY, I., *Catequese com adultos e catecumenato. História e proposta*, São Paulo, Paulus, 2008, 36-65; PARO, T. F., *Catequese e liturgia na iniciação cristã. O que é e como fazer*, Petrópolis, Vozes, 2018, 18-41.

um elemento, o mais longo e importante, do complexo processo pelo qual alguém é iniciado à fé cristã. Teologicamente falando, a verdadeira iniciação se dá na celebração dos sacramentos do Batismo, Eucaristia e Crisma, chamados justamente, a partir do século XIX, de sacramentos de iniciação. Trata-se de uma iniciação que poderíamos chamar de sacramental (LIMA, 2018, 34).

No processo de iniciação cristã, a exemplo das demais tradições culturais e religiosas, sobretudo do cristianismo primitivo, para ser iniciada, a pessoa acolhida tinha de receber os ensinamentos, os códigos e as crenças escondidas nos ritos celebrativos, isto é, mergulhar no mistério a ser revelado e vivido:

> Os mais antigos santos padres, chamados apologéticos, pois "defendiam a fé" dos ataques pagãos, falam de "iniciação" por analogia com ritos pagãos, mas defendem a originalidade e a absoluta novidade da fé cristã, com relação ao paganismo. Tertuliano evita usar a palavra *mystérion* para fugir da semelhança com os cultos iniciáticos pagãos; introduz, em seu lugar, a palavra *sacramentum*. Orígenes é quem mais usa o termo iniciação; ele se preocupa com uma passagem pelo Mar Vermelho, o Jordão e o ingresso na Terra Santa. São João Crisóstomo (já do período posterior) usa também uma linguagem de iniciação (LIMA, 2010, 60).

Hoje, a iniciação à vida cristã para a Igreja Católica é um processo de transmissão da fé que ajuda evitar uma catequese de "decoreba", de doutrinação, de ler um livro ou catecismo como se fosse uma aula qualquer. Catequese não é uma aula qualquer, coisa parecida com aula de matemática, de português etc., um ensino só para a cabeça. A iniciação cristã toca mais o coração e a vida, ajuda a realizar uma experiência viva em que o catequizando se envolve efetivamente, cresce na fé, deseja ser melhor. Assim, esse catequizando não desaparece depois da primeira Eucaristia, nem depois da crisma. Ele vai perseverar e vai se engajar na comunidade. Vai "permanecer no amor".

A iniciação à vida cristã é um modo de viver em Cristo, conhecer e viver seus passos no caminho que leva à plena maturidade da fé. Trata-se de um caminho de vida para a pessoa que se torna discípula, aprendiz e seguidora do Mestre e Senhor.

Esse caminho é um verdadeiro mergulho no mistério, uma experiência cada vez mais profunda nas diversas dimensões da vida cristã: busca, encontro, conversão, comunhão, missão e transformação da sociedade (cf. Jo 1,38-45). Percorrer esse caminho não significa aprender coisas, mas sim dar passos de adesão livre e consciente a um projeto de vida de acordo com as propostas de Jesus. O encontro pessoal com Jesus conduz ao encontro dos outros.

O Concílio Vaticano II (1962-1965) concebeu a Igreja como comunhão, participação, comunidade de fé, povo de Deus, restabelecendo a dimensão comunitária da vida cristã, como nas origens. Por isso, a iniciação à vida cristã não é um trabalho exclusivo dos catequistas, mas de toda a comunidade paroquial, que visa transmitir a experiência de fé por meio de seu testemunho de vida. A catequese está a serviço da iniciação à vida cristã.

A iniciação à vida cristã é, nos dias de hoje, uma forte exigência da missão da Igreja. É um dever de todo cristão comprometido com Deus, com a Igreja e com a salvação do mundo de testemunhar sua fé sendo servidor do Evangelho. Leva a superar a prática religiosa voltada à subjetividade e ao bem-estar pessoal, que impedem o compromisso comunitário, a busca pela transcendência e o reconhecimento de Jesus como Mestre e Senhor.

À guisa de conclusão

Para entendermos bem a expressão, partimos da experiência humana que é comum a todos nós e que facilita nossa compreensão.

Literalmente, a própria "iniciação" expressa uma "ação inicial", "um início de ação" ou ainda uma "introdução através de uma ação". Todos nós sabemos que o começo é sempre cansativo, porque se trata de aprender a tornar-se proficiente em fazer algo.

No início não somos práticos, muitas coisas não são compreendidas, outras não são bem tratadas, e sabemos que, para superar essa fase inicial, precisamos de alguém daquele ambiente que nos acompanhe "dentro". Isso nos explica como as coisas funcionam, observando atentamente nossas tentativas de reproduzir comportamentos e colocando-nos em boas relações com outras pessoas no mesmo ambiente, a fim de desfrutar de seu testemunho e de suas habilidades. Este é o duplo sentido literário da palavra "iniciação": iniciar e agir. Mover-se para entrar em um papel, superando dificuldades e imprecisões para adquirir relações, comportamentos e significados corretos, mas também partindo de um ser genérico para tornar-se alguém.

Esse significado de *iniciar* é encontrado muito claramente em diversos ambientes e experiências em nossas vidas. Pensemos, por exemplo, na família, em todas as ações de iniciação que os pais realizam em relação ao filho para apresentá-lo à vida, ao mundo humano; quanta paciência, tempo, convivência, tentativas tenazes... E não é um caminho padronizado! Então, no campo profissional... Há uma iniciação no trabalho, na profissão para a qual muitas vezes é preciso um longo aprendizado.

Mesmo nas religiões, existem caminhos de iniciação por meio de ritos, provações, para fazer com que a pessoa adquira um *status* particular que a faça ser reconhecida como membro adulto do clã religioso e cultural.

Mas nós falamos de iniciação cristã. A iniciação cristã, embora funcione como todas as outras iniciações, tem a sua especificidade, que é a referência à morte e ressurreição de Jesus de Nazaré, o Cristo e o Senhor, o vivente que trabalha na história e na vida das pessoas para a sua salvação. E essa referência essencial da IC é precisamente o Cristo recebido com base no primeiro imperativo ou convite do seu Evangelho, que nos pede para entrar em uma fase de gestação que chamamos de *conversão*, ou seja, o desapego de um modo de conceber e viver a vida para passar a outro horizonte. O acesso a essa novidade de vida se expressa com o simbolismo da morte e do renascimento. E tudo isso não depende apenas de nós, mas da misteriosa ação do Deus da vida anunciada por Jesus, que, de maneira muitas vezes surpreendente, realiza seu plano de salvação por meio de sinais, experiências, encontros.

Portanto, a IC é a convergência de quatro elementos: a fé da pessoa, sua disponibilidade, a passagem para uma nova identidade e, ao mesmo tempo, o acontecimento que nos ultrapassa porque se refere ao mistério profundo da morte e ressurreição de Cristo, que na IC se expressa no rito, pelo sacramento.

Por isso, a IC se dá por obra de Deus e envolve a obra do ser humano que busca, que escolhe, que se acostuma com sua presença. Não pode haver IC sem os ritos reconhecidos pela fé como gestos realizados em nome de Cristo, mas também devemos ter em mente que Deus não nos salva sem nós: o rito permanece estéril sem conversão, e a conversão corre o risco de subjetivismo sem a comunidade que celebra e compartilha seu caminho com o convertido.

Dessa forma, a iniciação cristã pode ser entendida como o processo global por meio do qual uma pessoa se torna cristã. É um caminho difundido no tempo e marcado pela escuta da Palavra, pela celebração e pelo testemunho dos discípulos do Senhor, por meio do qual o crente completa um aprendizado global na vida cristã, compromete-se com uma escolha de fé e com a vivência como filho de Deus e é assimilado, com o Batismo, a Confirmação e a Eucaristia, ao mistério pascal de Cristo na Igreja. E é justamente dessa definição que podemos tirar alguns elementos para se fazer a IC hoje. De fato, no centro dessa descrição está o termo "aprendizado da vida cristã", que nos faz entender que ser cristão é como ir à oficina de quem sabe fazer um determinado ofício.

Portanto, a IC não é apenas a celebração dos sacramentos, mas o ser inserido em Cristo pelos sacramentos. O objetivo da IC é Jesus Cristo, é aquele que os catecúmenos devem encontrar, ou melhor, começar a encontrar e experimentá-lo vivo. Para isso, é preciso "colocar as mãos na massa", entrando na tarefa; aprende-se fazendo experiências. Do ponto de vista da aprendizagem, se não faço experiência, não posso pensar que é possível aprender alguma coisa; aprendizado na vida cristã também requer experiência.

Para fazer isso, precisamos de um iniciador, ou melhor, de vários iniciadores, mais pessoas que estejam lado a lado e pacientemente introduzam, façam experimentar, testem, confiem, verifiquem, afirmem ver resultados. Nesse sentido, um elemento indispensável é o acompanhamento diário. São aqueles que estão diariamente próximos dos catecúmenos que realizam a iniciação, ajudando-os a formular e reconhecer a fé em palavras, a dar sentido cristão aos símbolos e gestos celebrativos. Desse modo, a IC não diz respeito apenas aos catequistas, mas também às suas famílias e a toda a comunidade cristã. Nesse sentido, o Documento Básico sobre a Renovação da Catequese afirma: "Os catequistas são os primeiros a fazê-lo, e mesmo antes disso existem as comunidades cristãs" (n. 200).

Tudo isso também dá qualidade ao caminho da IC, não a rebaixa à preparação da festa da Primeira Comunhão ou da Crisma, mas torna-se verdadeiramente um caminho marcado por etapas, compartilhado por toda a comunidade cristã.

Outro elemento que caracteriza a IC é a complexidade das intervenções, pois não basta ler um texto de catecismo página após página; é preciso fazer com que as pessoas vivenciem a vida cristã, é preciso colocar em ação as relações afetivas dentro da vivência e da experiência de grupo. É preciso colocar no centro a Palavra de Deus que nos dá a linguagem para reconhecer os símbolos e eventos cristãos a serem celebrados no grupo e na comunidade; é preciso reunir testemunhas vivas do Evangelho e marcar as etapas com ritos que enraízam os passos dados.

O caminho da iniciação também deve ser difundido ao longo do tempo: é um aprendizado que leva o tempo necessário. Costumamos predeterminar o caminho, "agrupamos" todos: em uma paróquia, e já se sabe que será em determinada sala de "aula", que, em tal dia e em tal hora, todos receberão aquele sacramento, sem qualquer critério de aprendizagem, de iniciação.

Seria necessário sair da prática atual, rígida e predeterminada, na qual há "aulas" de catequese que começam com as crianças ainda pequenas, na qual os sacramentos já estão estabelecidos para uma classe específica, e até mesmo em uma data precisa. Dessa forma, damos a ideia de que não estamos realmente interessados em que "momento da vida" estão os filhos e seus pais; quase parece que estamos interessados apenas em "ter realizado um programa" e ter dado os sacramentos. Acredito que é possível sair dessa lógica de datas preestabelecidas aos poucos, sem rupturas e rachas, tentando, em pequenos passos, modificar a prática pastoral das paróquias.

Além disso, os próprios bispos nos convidam a realizar "itinerários diferenciados" de catequese. Também no envolvimento das famílias, deve-se tentar dar respostas que, embora não excluam ninguém do caminho, façam com que os pais amadureçam na consciência de que a IC é um caminho sério, que, se não for compartilhado e apoiado por eles também, levará a pouquíssimos resultados.

No final, trata-se de mudar uma mentalidade, não um simples método ou texto. Podemos dizer que *não é só um texto, mas a cabeça que muda!*

Referências

ALMEIDA, A. J. *ABC da iniciação cristã*. São Paulo: Paulinas, 2010.
AUGÉ, M. *L'iniziazione cristiana. Battesimo e Confermazione*. Roma: LAS, 2010. (Nuova Biblioteca di Scienze Religiose, 25).

BOLLIN, A.; GASPARINI, F. *A catequese na vida da Igreja. Notas de história*. São Paulo: Paulinas, 1998.

BOROBIO, D. *La iniciación cristiana*. Salamanca: Sígueme, 1996.

BOZZOLO, A. Diventare cristiani. Il sacramento e l'educazione. *Catechesi*, n. 71/2 (2002) 66-81.

CARVALHO, H. R. *O ministério do catequista. Elementos básicos para a formação*. São Paulo: Paulus, 2015.

CASEL, O. *Il mistero del culto Cristiano*. Roma: Borla, 1985.

CASPANI, P. *La pertinenza teologica della nozione di iniziazione Cristiana*. Milano: Glossa, 1999. (Dissertatio, 7).

CNBB. *Com adultos, catequese adulta*. São Paulo: Paulus, 2001. (Estudos da CNBB 80).

_____. *Iniciação à vida cristã. Itinerário para formar discípulos missionários*. Brasília: Edições CNBB, 2018. (Documentos da CNBB 107).

_____. *Iniciação à vida cristã. Um processo de inspiração catecumenal*. São Paulo: Paulus, 2010. (Estudos da CNBB 97).

CONCILIUM OECUMENICUM VATICANUM II. Constituição Conciliar *Sacrosanctum Concilium*. Sobre a sagrada liturgia. In: *AAS* 56 (1964), 97-134.

_____. Constitutio Pastoralis de Ecclesiae in Mundo Huius Tempori *Gaudium et Spes*. *AAS* 58 (1966), 947-990. Tradução portuguesa: COMPÊNDIO DO VATICANO II. *Constituições, decretos, declarações*. Petrópolis: Vozes, 1986.

CONGREGAÇÃO PARA O CULTO DIVINO E A DISCIPLINA DOS SACRAMENTOS. *Ritual da Iniciação Cristã de Adultos*. São Paulo: Paulus, 2001.

DUCHESNE, L. *Origines du culte chrétien. Études sur la liturgie latine avant Charlemagne*. Paris: De Boccard, 1889 (1925).

ELIADE, M. *Iniciaciones místicas*. Rio de Janeiro: Taurus, 1975.

FRANCISCO, Papa. *La Civiltà Cattolica*, n. IV, (2016) 417-431.

GY, P. M. La notion chrétienne d'initiation. Jalons pour une enquete. *La Maison Dieu*, 132 (1977) 33-54.

_____. La notion chrétienne d'initiation. Jalons pour une enquête. In: _____ (Ed.). *La liturgie dans l'histoire*. Paris: Cerf, 1990, 17-39.

LIMA, L. A. *A catequese do Vaticano II aos nossos dias*. São Paulo: Paulus, 2016.

_____. A iniciação cristã ontem e hoje. História e documentação atual sobre a iniciação cristã. In: CNBB. *3ª Semana Brasileira de Catequese. Iniciação à vida cristã*. Brasília: Edições CNBB, 2010.

_____. Iniciação à vida cristã conforme a CNBB, em seus recentes documentos. In: SBCat (Sociedade Brasileira de Catequese). *A catequese a serviço da iniciação à vida cristã*. Petrópolis: Vozes, 2018.

MARTELLI, A. L'iniziazione Cristiana. Chiarificazione contenutistica previa. *Catechesi*, n. 71/2 (2002) 4-11.

NERY, I. *Catequese com adultos e catecumenato. História e proposta*. São Paulo: Paulus, 2008.

NOCENT, A. *I tre sacramenti dell'iniziazione cristiana*. Casale Monferrato: Marietti, 1986. (Anàmnesis 3/1).

PARO, T. F. *Catequese e liturgia na iniciação cristã. O que é e como fazer*. Petrópolis: Vozes, 2018.

RAHNER, K. Che cosa è un sacramento? In: RAHNER, K. *Nuovi saggi*. Roma: Paoline, 1975, v. V, 473-491.

RITUALE ROMANUM. *Ordo Initiationis Christianae Adultorum*. Ex decreto *Sacrosancti Oecumenici* Concilii Vaticani II, instauratum auctoritate Pauli PP. VI promulgatum. Editio Typica, Typis Polyglottis Vaticanis, 1972. (Reimpressio emendata, 1974).

Os atores e os personagens da iniciação cristã

Dom Jerônimo Pereira, OSB[1]

1. A relação da liturgia com o rito e o teatro

A relação entre rito e teatro não é unilateral e estática, mas dinâmica. O teatro se apresenta sempre, em todo tempo e lugar, como um rito (PASOLIN, 1988, 722; SCHECHNER, 1994, 583-593; V. TURNER, 1986; TERRIN, 1991, 565-594). Ambos, rito e teatro, têm relação com a verdade e a beleza. O teatro absorve do rito a verdade, o rito absorve do teatro a beleza. Beleza e verdade não são excludentes, mas complementares. Tanto o rito como o teatro colocam "no

---

1. Dom Jerônimo Pereira Silva, OSB é doutor em Sagrada Liturgia pelo Pontifício Instituto Litúrgico de Santo Anselmo – Roma, Itália (2016). Mestre em Sagrada Teologia, com especialização em Liturgia Pastoral, pelo Instituto de Liturgia Pastoral de Santa Giustina de Pádua – Itália (2012). Desde 2013, é articulista da Revista de Liturgia e faz parte do grupo de reflexão da CNBB. Membro do Centro de Liturgia Dom Clemente Isnard. Atua como professor no mestrado e doutorado do Pontifício Instituto Litúrgico de Santo Anselmo; no Instituto de Liturgia Pastoral de Santa Giustina de Pádua; na graduação em Teologia da UNICAP (Universidade Católica de Pernambuco); e nos cursos de pós-graduação do Centro Universitário Salesiano de São Paulo, nas disciplinas Liturgia, Arquitetura e Arte Sacra e Teologia da Música Litúrgica.

palco" ações que transformam, porque em ambos, ações e palavras (*máscaras* [personagens e ações] e textos) são performativos. No teatro como no rito, e vice-versa, o texto (o "caráter" do personagem) (re)nasce no gesto acional, verbal e não verbal[2]; nele, opera e se torna operante no ator. Tanto o teatro quanto o rito usam uma linguagem metafórica que não se trata de uma metáfora comum, mas de uma metáfora real, portanto, simbólica (BONACCORSO, 2003, 27-41). Como no teatro, onde da palavra ou do canto se passa à ação, embora essa preceda a palavra escrita ou o canto, também na liturgia chega-se ao rito (prática do modelo), que são todos de passagem e de crise, por meio do livro (modelo da prática) (MAGGIANI, 1989, 157-192; 1993, 131-141; GIRARDI, 2022, 99-112). O *Ordo* não se confunde com o rito, uma vez que é como o *script* para o ator, a partitura para a orquestra. Estudos (na Europa e no Brasil – laboratório litúrgico, por exemplo – CIBIEN, 1999, 105-158; BARONTO, 2006) revelam que a relação entre rito e teatro recai em uma questão de *ars celebrandi* (MAGGIANI, 1986, 56-73; DUBUC, 1989; BONACCORSO, 1991, 9-23; DE ZAN, 1998, 356-389; COMIATI; LETO, 2011, 877-892; GIRARDI, 2011, 961-976; CAMPEDELLI, 2012, 709-738; BALDACCI, 2014, 173-197; GRILLO, 2017). Finalmente, rito e teatro são fundamentalmente formas de (re)organizar o mundo e de lhe dar sentido. Ambos não imitam a vida, mas a refazem. Ambos [re]fazem a vida contando histórias. Em síntese, aquilo que se aplica ao texto se aplica ao teatro e consequentemente ao rito (DE MARINIS, 1982; KEIER, 1988; DE TORO, 1995).

Existe, todavia, uma diferença básica entre uma e outra forma de "espetacularização", da *performance*. O teatro é majoritariamente

---

2. O "verbal", tanto no teatro quanto no rito, deve ser entendido como "ato de linguagem" (AUSTIN, J. L., *Quando dizer é fazer*, Porto Alegre, Artes Médicas, 1990). No âmbito da liturgia, cf. TERRIN, A. N., *Leitourgia. Dimensione fenomenologica e aspetti semiotici*, Brescia, Morcelliana, 1988, 151-186.

fictional, "representacional"; o rito, por sua vez, constitui um momento de "presencialização" de um viver imediatamente real, de tal modo que no rito há uma reportação à própria referencialidade e autossignificação: os "atores rituais" se "apresentam", não se "representam fingindo", como acontece no teatro (TERRIN, 1999, 343).

2. A iniciação: rito de passagem e narração da história da salvação

Toda narrativa tem como base uma estrutura profunda, um esquema de base, um evento a ser narrado para ser experimentado (FILHO, 2014, 459):

> A narrativa é uma realização mediata da linguagem que propõe comunicar uma série de acontecimentos a um ou mais interlocutores, de modo a compartilhar experiências e conhecimentos, e alargar o contexto pragmático.
>
> Há duas componentes básicas na narrativa: a fábula (ou enredo) e a narração. A fábula é o conteúdo irredutível de uma história; a narração, o modo como esse conteúdo é organizado quando a história é contada. [...].
>
> O principal elemento caracterizador da narração é o tempo: há uma situação inicial à qual segue uma transformação ou mudança, que implica o transcorrer do tempo. Há inúmeros suportes para a narração, que se utiliza das diversas linguagens existentes.

O Ritual da Iniciação Cristã de Adultos (RICA, 2001) apresenta-se como uma corrente de estruturas narrativas, segundo a definição de Umberto Eco (1999, 107-110), de quatro tempos e três etapas. A estrutura ritual da trama é feita pelos tempos do pré-catecumenato, catecumenato, tempo da purificação e tempo da mistagogia, e é intercortada pelas seguintes etapas: entrada no catecumenato, eleição/inscrição do nome e celebração dos santos mistérios.

Nele, encontramos uma série de "agentes", "atores", um "estado inicial" (desejo de iniciar na vida cristã, com todas as implicações concernentes), uma série de mudanças orientadas no tempo (passagens por diversos graus: candidato, simpatizante, catecúmeno, competente, neófito) e produtos de atos causados (as celebrações produzem um novo estado de vida dentro da trama: Igreja e o próprio processo iniciático), até um resultado final (integração à comunidade dos iguais).

Ocorre identificar os "agentes" do processo de iniciação cristã com os que fazem a história ter a sua dinâmica. O Ritual oferece nos *Praenotanda* o elenco dos atores e dos personagens da trama em duas ocasiões: nas "Observações preliminares gerais sobre a iniciação cristã" (OPG, 9-16), também presente no Ritual do Batismo de Crianças (1999, 13-20), com 35 números, quando trata dos "Ofícios e funções na celebração do Batismo" (n. 7-17) e na "Introdução ao Rito da Iniciação Cristã de Adultos", com 67 números, especificamente nos números 41-48, quando trata de "Os ministérios e as funções"[3].

3. Elementos que constituem uma história

A trama denominada "iniciação cristã" é comum a todo e qualquer processo iniciático: a narração da passagem de um personagem de um a outro estado de vida. Essa trama contém quatro elementos fundamentais: "o mistério" do qual se deseja tomar parte; "a simbologia", ou seja, elementos que aproximam do mistério e o "revelam". Esses símbolos são institucionalizados, aceitos e reconhecidos pela "comunidade dos iniciados", que constitui o terceiro elemento e, finalmente, o "sujeito da iniciação" ou "o iniciante", o que dever ser

---

3. Usaremos a abreviação *Prae* para indicar a Introdução Geral do Ritual (o livro) e RICA, para os *Ordines* (sequências rituais).

capacitado a entrar no mistério, aceitando as consequências decorrentes do processo (MAGGIANI, 1998, 11-45).

Quando submetemos o RICA a essa dinâmica, encontramos um "sujeito da iniciação", que aqui será identificado com o "destinatário", aquele que "pretende alcançar", ou melhor, que se dispõe a ser levado à vida nova em Cristo (objeto, objetivo), que corresponde ao "Mistério" do processo iniciático, como membro de uma "comunidade de iniciados" e participante do seu culto: Igreja, sujeito real, estável e duradouro. O percurso (trama) é feito por meio de ações drásticas (mudança de estados), dramáticas e radicais (sacramentos e sacramentais), em um jogo simbólico, sob a guia da "(os ministros da) Igreja" (coadjuvantes), em oposição à vida velha a abandonar (antagonista).

4. Análise dos elementos que constituem uma história

Na década de 1960, a semiótica[4], ciência que estuda os sinais (*signos*) linguísticos, verbais e não verbais, teve o seu ponto alto, especialmente, por causa dos estudos do linguista Algirdas Julien

---

4. "A semiótica é a ciência dos sistemas e dos processos sígnicos na cultura e na natureza. Ela estuda as formas, os tipos, os sistemas de signos e os efeitos do uso dos signos, sinais, indícios, sintomas ou símbolos. Os processos em que os signos desenvolvem o seu potencial são processos de significação, comunicação e interpretação" (NÖTH, W.; SANTAELLA, L., *Introdução à semiótica. Passo a passo para compreender os signos e a significação*, São Paulo, Paulus, 2017, 7). A semiótica moderna tem como fundador o americano Charles Sanders Peirce (1839-1914; cf. PEIERCE, C., *Semiótica*, São Paulo, Perspectiva, 1990). O seu fim é "estabelecer as ligações entre um código e outro código, entre uma linguagem e outra linguagem. Serve para ler o mundo não verbal [...] e para ensinar a ler o mundo verbal em ligação com o mundo icônico ou não verbal" (PIGNATARI, D., *Semiótica e literatura. Icônico e verbal, Oriente e Ocidente*, São Paulo, Cortez & Moraes, 1979, 12. Cf. SANTAELLA, L., *O que é semiótica*, São Paulo, Brasiliense, 1999).

Greimas (1917-1992). Segundo Greimas, na sua obra clássica *Semântica estrutural: pesquisa de método* (1966; cf. 1976, 1978), qualquer espécie de texto é estruturada internamente como uma trama. Uma trama ou narrativa consiste, na verdade, em apresentar uma série de mudanças de estado (local, psicológica, social, religiosa etc.), praticadas ou sofridas por um número de sujeitos, e não simplesmente a enumeração sequencial de eventos. Os sujeitos, passivos ou ativos, implicados na trama, segundo o método de Greimas, são chamados actantes (atores). O método de "análise actancial" leva em consideração as relações gramaticais (em se tratando da análise de um texto) ou funcionais (quando se trata da execução "teatral" de um texto) entre os atores (ativos ou passivos) de uma determinada trama.

O método de Greimas, dito de maneira simplificada, consiste em reescrever ou reestruturar a narrativa segundo o critério actancial, composto de seis categorias de actantes. Segundo tal sistema, o ator é investido de um papel temático identificado a partir das funções actanciais que ele exerce. São eles: o Emissor (E), o Objeto (O), o Destinatário (D), o Coadjuvante (C), o Sujeito (S) e o Antagonista (A). A construção de toda trama/narração tem basicamente a seguinte estrutura: o Emissor encarrega um Sujeito de dar um Objeto a um Destinatário. No exercício do seu encargo, o Sujeito conta com a ajuda do Coadjuvante e entra em choque com o Antagonista. A trama esquematiza-se da seguinte forma (DE ZAN, 2021, 109-112):

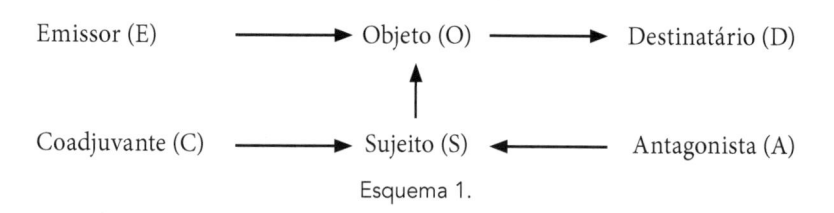

Emissor (E)	⟶	Objeto (O)	⟶	Destinatário (D)
		↑		
Coadjuvante (C)	⟶	Sujeito (S)	⟵	Antagonista (A)

Esquema 1.

Os *actantes* não são "somente" os atores propriamente ditos, mas também todas as realidades que impulsionam as ações (a fé, o pecado, a graça, a catequese...), de modo tal que um *actante* pode ser representado por vários atores, da mesma forma que um ator poderia efetuar o papel de vários *actantes*.

4.1 Primeira implicação

Chamemos primeiramente a atenção à trama da iniciação cristã, a partir do método actancial, sem, todavia, esquecer que tal "fábula" se desenvolve dentro de um contexto histórico-salvífico, onde, diferentemente do teatro, duas realidades – divina e humana – se tocam, não por processo de exclusão, mas de inclusão e assunção (admirável comércio), como recorda a epiclese da Coleta da Missa do Dia de Natal: "Ó Deus [...] dai-nos participar da divindade do vosso Filho, que se dignou assumir a nossa humanidade". É preciso analisar o processo por meio de uma série de interrogações dirigidas aos *Praenotanda*.

Todas as respostas dependem de uma análise da situação inicial. O Objeto ausente que provoca o início do processo é o batismo, a vida cristã, que pode significar a liberdade do poder das trevas (OPG 1); primeira participação sacramental/mística na morte e ressurreição de Cristo (OPG 6; *Prae* 8.32); a remissão dos pecados, a incorporação à Igreja, povo de Deus, a filiação divina, como participação na sua natureza, a entrada na prometida plenitude dos tempos e a participação antecipada, por meio da Eucaristia, no reino de Deus (OPG 4; *Prae* 17.36); a assunção do sacerdócio régio e a iluminação (OPG 5; *Prae* 33); a efusão do Espírito Santo (*Prae* 34).

O Emissor é Deus, o Pai, que "amou tanto o mundo que lhe deu seu Filho único, para que todo o que nele crer não pereça, mas tenha a vida eterna. Pois Deus não enviou o Filho ao mundo para condená-lo, mas para que o mundo seja salvo por ele" (Jo 3,16-17; cf. *Prae* 9). A vida eterna é o conhecimento de Deus e de Jesus Cristo (Jo 17,3; cf. RICA 248). Essa doutrina está disseminada em todo o processo iniciático (cf. RICA 248.285.370). O Pai é o agente principal de todo o processo iniciático: ele tudo opera por meio do Espírito Santo. O "Objeto ausente", o batismo, com todas as suas implicações, ele confiou, por meio do Filho, à Igreja, que se torna o Sujeito agente/herói de todo o processo iniciático.

O Sujeito, que faz as vezes do agente/herói, é a Igreja, na sua multiministerialidade (bispo, presbíteros, introdutores, padrinhos, assembleia etc.; cf. OPG 7-17; *Prae* 41-48) e no seu operar (a graça, as boas obras, a catequese adequada, as preces, o alimento da Palavra de Deus e os auxílios da liturgia etc.) (cf. OPG 3; *Prae* 18-19). O Espírito Santo assiste a Igreja no desenvolvimento da sua missão de fazer discípulos. Ele é o Coadjuvante da trama.

O Antagonista é tudo o que, no processo de iniciação, vai contra a corrente: os fatores que levem a abreviar o processo, especialmente por causa do perigo de morte (*Prae* 3.18); necessidades que impeçam a celebração dos sacramentos dentro do tempo previsto (*Prae* 8.56.58); o pecado (*Prae* 10); lugar ou condições que possam adiar, por exemplo, a entrada no catecumenato ou a celebração da Confirmação (*Prae* 12,2.34.56); a ausência de uma adequada estrutura para o desenvolvimento do catecumenato (*Prae* 20); fraqueza, enfermidade ou malícia, instalados no coração do catecúmeno, o diabo (*Prae* 25,1); as ocupações habituais que possam impedir o tempo para a oração, o recolhimento espiritual e o jejum na preparação imediata ao batismo (*Prae* 26,1); hesitações e desânimo (*Prae* 45); as razões graves ou as necessidades pastorais que constranjam a Igreja a desenvolver o processo de maneira diferente da prevista pelo ritual (*Prae* 49); a necessidade de espera para a constituição de um grupo "suficientemente grande para a catequese e os ritos" (*Prae* 50,2); graves impedimentos que possam perturbar as celebrações dos escrutínios (*Prae* 52.66,3). Pastoralmente, manifesta-se como Antagonista todas as situações de impasse não previstas pelo *Ordo*, mas que vicejam concretamente entre as comunidades, como, por exemplo, os pastores desacreditarem da necessidade do processo.

Finalmente, o Destinatário é o iniciante que vem identificado com "adultos que, iluminados pelo Espírito Santo, ouviram o anúncio do mistério de Cristo e, consciente e livres, procuraram o Deus vivo e encetam o caminho da fé e da conversão [...]. Por meio dele [RICA], serão fortalecidos espiritualmente e preparados para uma frutuosa recepção dos sacramentos no tempo oportuno" (*Prae* 1).

Esquematicamente, o processo se apresenta da seguinte forma:

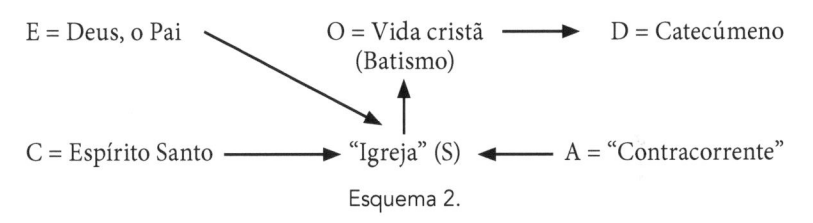

E = Deus, o Pai ⟶ O = Vida cristã ⟶ D = Catecúmeno
(Batismo)

C = Espírito Santo ⟶ "Igreja" (S) ⟵ A = "Contracorrente"

Esquema 2.

4.2 Segunda implicação

Identificado os atores e estruturado o modelo actancial, é preciso passar à lexicalização do *Ordo*, em que se encontra o complexo das manifestações que particulariza e "personaliza" os actantes, possibilitando-os a passar de atores a personagens.

4.2.1 Entre atores e papéis

O termo "ator" deriva do verbo latino *agere* ("agir") e, portanto, refere-se a uma ação que não consiste em contar, mas em representar. O papel que ele representa não é outra coisa senão uma forma de mediação que possibilita a passagem do códice actancial abstrato, ou do *Ordo*, às determinações concretas do texto (UBERSFELD, 1994, 87).

O ator possui uma série de traços distintivos e quanto mais esses traços correspondem a codificações reais, mais o ator se transforma em um "papel". Surge, assim, a bipolaridade "ator-papel" de acordo com o nível de codificação, inferior ou superior. Quanto mais um ator é "codificado", mais ele se move em direção a um papel. Também pode acontecer que um ator, em alguns segmentos do texto celebracional (o *Ordo*), represente um papel e depois retorne à sua realidade como um simples ator. O papel é, portanto, uma caracterização funcional do ator (CIBIEN, 1999, 124).

No processo de iniciação à vida cristã, todos os "agentes" são efetivamente atores, no entanto, nem todos exercem papéis específicos, mas todos, em função da plena inserção no povo de Deus, povo sacerdotal, profético e real (cf. LG 9-12.14), poderiam exercê-lo, exceto o Destinatário, que tem papéis muito bem delimitados. Todos podem fazê-lo, obviamente, dentro das condições necessárias requeridas pelo nível de codificação de cada papel a assumir, o que está determinado nos números 7-17 das OPG e 41-48 dos *Prae*, como assinalados acima.

O *Ordo* determina e delimita o papel de cada um para que ninguém ultrapasse os limites da sua competência. O objetivo é tentar "definir" os atores no seu desempenho. O bispo assume vários papéis: de diretor, de fomentador, do que delega as atuações e de presidente (*Prae* 44); os presbíteros executam os seus papéis de *sacerdos*, de animadores, de provedores (da catequese), de árbitros, de "encenadores", de párocos e de "vigários" do bispo (*Prae* 45-46); os diáconos são apresentados como atores secundários, coadjuvantes (*Prae* 47); os catequistas atuam como "mestres", doutrinadores e delegados do bispo (*Prae* 48); o garante é o único ator que vem indicado explicitamente que pode ser de ambos os sexos, e coloca em ato os papéis de acompanhador, ajudante, testemunha, podendo, ao longo da trama, assumir os papéis do padrinho (*Prae* 42); o padrinho é um coadjuvante muito importante na trama, pois é escolhido e aprovado para exercer os papéis de representante, acompanhador, "evangelizador", testemunha, ajudador (*Prae* 43). Na iniciação cristã existe um ator, nomeado genericamente "povo de Deus", que se faz representar pela Igreja local e que realiza uma série de papéis: ajudador, propagador da fé, acolhedor, assembleia celebrante, testemunha (*Prae* 41); finalmente, o "candidato", que corresponde ao Destinatário, tem papéis bem definidos, de acordo com os tempos rituais, que são trocados nas chamadas "etapas". No período do pré-catecumenato, é simpatizante (*Prae* 12); no catecumenato, é catecúmeno (*Prae* 14-20); no tempo da preparação próxima, chamado de "purificação e iluminação", o seu papel pode ser nominado de três modos: eleito, competente ou iluminando (*Prae* 24); e, finalmente, assume o papel de neófito no período da mistagogia (*Prae* 37).

Obviamente, no percurso ritual normatizado pelo *Ordo* existe uma gradual polarização actancial que influi sobre os conteúdos mediados pelos atores. Por exemplo: no esquema geral (esquema 2), o bispo corresponde a S em relação de subordinação a E, e de igualdade ao presbítero; porém, sempre com relação ao presbítero, ele pode executar o papel de E, mas nunca ao contrário; o catequista, no esquema geral, pertence à categoria de S, juntamente com o presbítero; torna-se, todavia, A em relação ao presbítero no processo ritual, e vice-versa; o padrinho tem, no esquema geral, o papel de S, mas se torna A de S e E de D; também o O, no final do processo, torna-se C para D; o povo de Deus pode ser contemporaneamente E, na relação com o padrinho, O e A, na relação com D; a relação de contraposição entre A e S pode ser recíproca etc.

Um lugar de não pouca importância ocupam os atores de S que desenvolvem papéis não diretamente regulados pelo *Ordo*, mas que são imprescindíveis: acólito, leitor e salmista (cf. IGMR 98-99.102). Além desses, estão os chamados "atores puros", ligados aos lugares e polos celebrativos: batistério, presbitério e nave da igreja. No primeiro e segundo polos encontramos os ministros extraordinários e os que fazem os serviços de apresentação dos livros, cruciferário, ceroferários, cerimoniário (cf. IGMR 106), turiferário etc. Entre aqueles que operam o terceiro polo, estão o "comentarista", os que se ocupam da coleta, os que fazem as vezes de ostiários (cf. IGMR 105). Inseridos no povo de Deus está o "cantor", o coro ou a *schola cantorum* e os outros músicos que agem com o objetivo de fomentar a participação ativa dos fiéis (cf. IGMR 103-104). Finalmente, um papel importante é vivido pelo sacristão, "que dispõe com cuidado os livros litúrgicos, os paramentos e outras coisas necessárias" para as celebrações: os santos óleos, água, velas etc. (cf. IGMR 105a). Existe, todavia, uma porção do povo de Deus que participa, sobretudo, como ator, porque não tem ofícios particulares. Esse grande ator coloca em ato "papéis" naqueles momentos nos quais se identificam as especificidades de assembleia celebrante, tomando parte ativa nas respostas, na oração, no canto e nas aclamações, e, no dia da eleição, se for oportuno, dando testemunho "justo e prudente" sobre os catecúmenos (cf. *Prae* 41,2-3). Além do mais, os ritos apresentam uma variedade de possibilidade de atuações, a partir do paradigma codicológico: cânticos, gestos, atitudes corporais etc., que, executados "coralmente", significam a unidade "corpórea" dos fiéis (cf. IGMR 96).

4.2.2 Os personagens da narrativa da iniciação cristã

Um ator, no exercício do seu papel, geralmente, [re]apresenta outra pessoa, "finge", com seu corpo, ser uma pessoa diferente do que é: um personagem. Por "personagem" (de *persona*: máscara), pode-se definir o "caráter" de cada um dos seres concebidos pelo autor/escritor/redator, e que, dotados de uma vida própria, participam da ação de uma obra. Sendo ele mesmo a [re][a]presentação "fictícia" de um ser, com certa "personalidade adquirida", o personagem tem a capacidade de atuar em um conflito (crise ritual), com um papel principal ou secundário, mas contribuindo com ideias decisivas que o resolvam.

Na arte de interpretar, normalmente, um escritor, aqui identificado com o *Ordo*, "inventa" um personagem (do latim *inventio*: descoberta, evidência) e, com base nisso, o ator ou atriz "inventa" sua interpretação. O ator, no entanto, faz isso se confrontando com as visões do diretor (o rito em ato ou a regência ritual: rubricas) e entrando em relação com as interpretações dos outros atores e personagens (*ars celebrandi*). O que no teatro é ficção, no rito é *inventio*.

No trabalho "criativo" de um ator, portanto, as diferentes camadas (harmonia ritual: personagens, espaço, tempo) coexistem e se harmonizam, não se eliminam.

A própria noção de "personagem" confunde-se com a natureza dual do personagem como um ser "inventado" (papel), ao qual se une um ser vivo (ator). O personagem é, em síntese, "um ser no (exercício do) papel", no sentido de um ser em ato, ao qual um "artista" deve corresponder, apresentando-se assim com um duplo estatuto: de ser "inventado" e de ser real e concreto, ator.

Daí algumas dificuldades práticas para a pastoral, porque o personagem do lexema pode ser objeto de afirmações ambíguas, pois, pensando nos ritos de iniciação cristã, é "o ser no papel" que inicia (S – o bispo) por mandato de E (Deus Pai), mas é o ator (Dom Fulano, Dom Cicrano) quem dirá as palavras e fará os gestos de iniciação. O personagem é, antes de tudo, um *actante* e, por isso, possui um ou vários papéis no sistema actancial da obra. Eis a razão pela qual é de máxima importância a *inventio* do(s) personagem(ens) da parte do ator, para evitar o "personalismo" que gera o problema do "protagonismo" no âmbito ritual, fazendo com que o ator concentre sobre si, de modo excessivo, a atenção da assembleia ritual, submetendo o Rito a um processo de *transmutação* em "rito de". Do "personalista" se conhece o nome e a vida, o que não deveria acontecer nunca no Rito. Quando um *actante* tem consciência de sua notoriedade pessoal (fama), o respeito à trama celebrativa exige que ele faça o máximo possível para se comportar como um simples ator. Somente em duas ocasiões o Rito admite um "notório", por causa de sua notoriedade: quando ele participa como "metonímia" ou "sinédoque", ou seja, na qualidade de um representante de uma categoria (por exemplo: o missionário X para significar "todos os missionários") e quando o faz como "metáfora", quando o implicado representa de certo modo uma realidade abstrata mais ampla, como no caso de operador da paz, para significar a paz (UBERSFELD, 1994, 106).

4.2.3 O enquadramento "invencional" dos personagens da iniciação cristã

Responde-se à pergunta "como o ator *inventa* o seu personagem?" recorrendo ao texto teatral, ao *Ordo*, no caso do rito. O *Ordo* foi concebido para ser colocado em ato ([re]apresentado) em determinado espaço e tempo, sem a presença de um "narrador", onde tudo se constrói por meio de palavras, gestos e movimentos dos personagens. Ele não é para "ser lido", porque está endereçado a um destinatário final, a entrega do O, da parte do E, ao D por meio do S. Esse último tem o escopo de atuar (encenar) e assim levar a cumprimento o ato comunicativo para o qual o Ordo foi escrito. No atuar, uma série de códices verbais e não verbais estão envolvidos.

Os elementos constitutivos do *Ordo* são basicamente: os atos celebrativos com suas "cenas" (os ritos), os espaços (batistério, igreja, casas, sala de catequese etc.), os tempos (pré-catecumenato, catecumenato, purificação/iluminação, mistagogia), as "rubricas" e atos de linguagem, ou linguagem performativa e os personagens.

5. Os atos celebrativos

Os atos celebrativos (Ritos) são constituídos por sequências rituais (cenas) de variados números, determinadas, muitas vezes, também pelas saídas e entradas dos personagens ou a sua mudança de roupa (veste branca, no caso do batismo e os paramentos próprios de cada grau do sacramento da Ordem, velação das virgens etc.). Algumas vezes a mudança de "cena" implica uma variação espacial, facultando uma maior veracidade e dinamicidade ao rito, que não funciona, todavia, como "intervalo", como acontece no teatro, mas constitui uma verdadeira sequência ritual, como é o caso da procissão ao batistério.

5.1 Os espaços

No Rito, os atos celebrativos acontecem em um espaço que se configura contemporaneamente real e simbólico (*utópico*: lugar não lugar; *heterotópico*: diferente dos "outros" lugares e *teleotópico*: organizado de modo tal que se constitua um percurso narrativo, assinalado pelos polos celebrativos e o projeto iconográfico). Eles também acontecem em um tempo que é sempre presente, embora a duração real do rito não coincida com a duração da história "narrada", que pode durar dias, meses, anos (pensemos, por exemplo, na missa da noite do Natal, na solenidade da Assunção etc.). Essa discordância é determinada por: elipses, os saltos temporais que coincidem com as passagens de uma sequência ritual a outra, por exemplo, no batismo de crianças, a passagem dos ritos catecumenais celebrados na porta e o banho lustral.

5.2 O tempo

O "presente" ritual prevê também a referência a acontecimentos anteriores ou externos à sequência ritual, por meio dos diálogos dos personagens (por exemplo: testemunho da comunidade nos ritos de iniciação, de ordenações etc.) e de narrativas (leituras descritivas do evento celebrado. A leitura do Evangelho da Sexta-Feira Santa, por exemplo), que dessa forma preenchem eventuais lacunas narrativas de tipo gestual e permitem definir claramente o "enredo".

5.3 As rubricas

As rubricas constituem outro elemento importante na invenção dos personagens. De fato, elas fornecem as instruções do "autor" necessárias para a execução da trama ritual. Elas variam de extensão, podendo ser de poucas palavras ou de períodos mais longos e detalhados. Preocupa-se com todos os aspectos, a gestão do tempo e do espaço, o "cenário" de determinada sequência ritual, a maneira de agir ("tom" de voz, atitudes, gestos, ações, entrada ou saída, movimentos espaciais etc.), o desenvolvimento das várias sequências rituais. Algumas dessas rubricas são indicativas, outras facultativas, outras descritivas e outras impõem canonicidade.

5.4 Os atos de linguagem

O verbal são atos de linguagem. Grande parte do rito é confiada às palavras dos personagens: a história do evento presente e passado, o delineamento do personagem e de seus sentimentos ("Senhor, somos servos indignos e reconhecemos *com tristeza* as nossas faltas" – Coleta, quinta-feira, III semana do Adv.; "Senhor nosso Deus, ao *celebrarmos com alegria* o Natal do nosso Redentor, dai-nos alcançar por uma vida santa seu eterno convívio" – Oração depois da comunhão, Missa da noite do Natal; "Por isso, unidos aos Anjos e a todos os Santos, cheios de esperança e alegria, nós vos louvamos, cantando (dizendo) a uma só voz" – escatocolo dos prefácios).

As falas dos personagens são caracterizadas por dêiticos, ou seja, por indicadores, que assinalam com precisão os gestos dos atores e o contexto (onde e quando) em que são executados ("Hoje, na véspera de sua paixão, que haveria de sofrer pela salvação nossa e de todos, – *toma o pão e, mantendo-o um pouco elevado acima do altar, prossegue*: – ele tomou o pão em suas santas e veneráveis mãos..." – narrativa da ceia na Missa vespertina *in Cena Domini*). São também pronomes pessoais e demonstrativos (nós, isso, aquilo...) ou advérbios de lugar e tempo (aqui, lá, agora, em cima, embaixo, etc.). É o que se chama de "linguagem performativa".

Existe uma diversificação de falas: o diálogo, entre dois ou mais atores, a pergunta e resposta, também chamado de "dueto", ou seja, um diálogo ritmado que se desenrola entre dois personagens (por exemplo, profissão de fé batismal; propósito do eleito, nos ritos de ordenação etc.), o "monólogo" (as eucologias maiores) e a tirada (uma fala "longa" relacionada a algo importante sobre os eventos ocorridos no passado ou comentários sobre determinados eventos ou ações: homilia). Convém sublinhar que a especificidade dos diálogos rituais é que eles giram em torno de dois eixos comunicativos, a saber, o eixo comunicativo interno (horizontal), que diz respeito à comunicação entre personagens, e o eixo comunicativo externo (vertical), relativo à comunicação entre os personagens e a divindade.

6. O mapa para a *inventio* dos personagens

Os elementos acima apresentados são fundamentais para a *inventio* dos personagens, que, por sua vez, podem ser protagonistas, coprotagonistas, coadjuvantes, oponentes e figurantes.

O protagonista é o personagem central (que está no centro) ou principal (o que principia ou que motiva o princípio) da trama. Ele tem a preponderância, prende a atenção. Por causa de sua presença em todo o desenrolar da história, tem-se dele uma superabundância de detalhes. Geralmente tem que se opor a um antagonista ou enfrentar uma série de adversidades que se apresentam no seu percurso. A trama iniciática do RICA apresenta dois protagonistas: Deus, como o Emissor, e o[s] *"adultos* que, iluminados pelo Espírito Santo, ouviram o anúncio do mistério de Cristo e, conscientes e livres, procuram o Deus vivo e encetam o caminho da fé e da conversão" (*Prae* 1), que é o Destinatário. Como já sublinhado, o Destinatário é protagonista "mutante": candidato, simpatizante, catecúmeno, eleito, neófito.

Em grau de importância, imediatamente depois do protagonista está o coprotagonista. Ele mantém um grande nível de intimidade com o protagonista e geralmente lhe serve de companhia. O RICA apresenta uma série de coprotagonistas, todos eles apontados como Sujeitos no método actancial, identificados com a Igreja na sua multiministerialidade e depositária da confiança para com o Emissor e de segurança para com o Destinatário. Ei-los:

a) A comunidade (*Prae* 41): anuncia Jesus Cristo por meio da palavra e dos exemplos; acolhe (período da evangelização e do pré-catecumenato), participa ativamente das celebrações (período do catecumenato), opina justa e prudentemente sobre os candidatos no dia da eleição, dá exemplo de espírito de penitência, fé e caridade (escrutínios e entregas [tempo da purificação]), renova as promessas batismais na vigília pascal (celebração do batismo), cerca de afeição e de ajuda no período da mistagogia.

b) O introdutor (*Prae* 42): garante seu coprotagonismo com dupla responsabilidade (um membro da Igreja que conhece o candidato). A Tradição Apostólica, cap. 15, prescreve acerca dos introdutores: "Deem testemunho deles os que os tiverem conduzido", ou seja, "ajuda" e "testemunha" os costumes, a fé e o desejo do candidato. É um personagem "mutante", pois pode se tornar "padrinho".

c) O padrinho (*Prae* 43): age desde antes da "eleição"; é escolhido pelo candidato e delegado pela comunidade, com a aprovação do sacerdote. Deve ser exemplar, amigo e qualitativo. Executa dois papéis: 1. "acompanhador" do candidato (eleição, celebração dos sacramentos, período da mistagogia), 2. "*doctor*, catequista" (ensina "familiarmente" ao catecúmeno como praticar o Evangelho na vida pessoal e social,

auxilia nas dúvidas e inquietações, dá testemunho cristão e vela pelo progresso batismal).
d) O bispo (*Prae* 44): como seu nome indica, é o vigia. Estabelece e dirigi o catecumenato, promovendo o seu desenvolvimento; admite os candidatos à eleição e aos sacramentos e preside-os, além de designar os catequistas, realmente dignos e preparados, para a celebração dos exorcismos menores.
e) Os presbíteros (*Prae* 45): são os ministros "habituais" dos sacramentos da iniciação cristã, prestam assistência pessoal e pastoral aos catecúmenos, cuidam da catequese (ajudados pelos diáconos e catequistas), aprovam a escolha dos padrinhos e acompanha-os; são verdadeiros zeladores das celebrações.
f) Os catequistas (*Prae* 48): podem ser interpretados por vários atores, como sacerdotes, diáconos ou leigos (*Prae* 19a). Eles são deputados pelo bispo para os exorcismos menores e as bênçãos, e têm um papel importantíssimo, pois são os articuladores entre o ensino (catequese), o ano litúrgico, a piedade popular (tradições locais) e a dinâmica ritual.

Os coadjuvantes são aqueles personagens que têm na desenvoltura da trama um grau de importância, em certo sentido, menor que o dos protagonistas. A sua "personalidade" completa a de todo os outros personagens. Em diferentes momentos, intervêm na trama por meio de ações, declarações e ingerências, cooperando para o bom andamento, harmônico e coerente, da trama. No RICA, eles constituem um verdadeiro "exército". São os pais, os amigos, os familiares, as parteiras, os leitores, os cantores, os acólitos, o cerimoniário etc.

O Antagonista exerce um papel determinante na história, pois entra em constante conflito com quem quer que seja que tenha o protagonismo no enredo, com o intuito de impedir que o Sujeito-herói leve a termo a sua missão de consignar ao Destinatário o Objeto em causa. Ele é o único personagem que pode fazer fracassar implacavelmente o ideal da trama; por isso, ele é tão complexo e valioso, embora seja sempre passageiro. No RICA, o Antagonista afronta constantemente o Destinatário, que aparece como o personagem mais frágil da história.

O Antagonista assume "personalidades" diversas em cada etapa. No pré-catecumenato, assume a da incredulidade, do desconhecimento do Evangelho e do longo tempo do percurso (*Prae* 9-11); no tempo do catecumenato, do espírito do mal, dos erros, dos pecados (RICA 113) da tibieza na esperança, da fraqueza na caridade, da dúvida, do culto aos ídolos, da superstição, da magia, da macumba, do espiritismo, da cobiça do dinheiro, da sedução das paixões, das inimizades e das discórdias (RICA 114), da servidão do inimigo, do espírito de mentira, da cobiça e da maldade (RICA 115), da luxúria, da soberba (RICA 116), da inquietude (RICA 118). No tempo da purificação, da servidão do pecado, do pesado jugo do demônio e suas ciladas (RICA 164), dos erros que cegam, da opressão do pai da mentira (RICA 171) e mesmo da morte (RICA 178). Os exorcismos são as armas de combate do Sujeito-herói, a Igreja, no combate contra o Antagonista e na defesa do Destinatário.

Como a dinâmica ritual, diferentemente do teatro, não comporta espectadores, não existem figurantes no processo de iniciação cristã.

7. Para a eficácia ritual

O professor De Zan, aplicando o método actancial ao texto litúrgico, evidencia que a eficácia depende da submissão dos personagens a três provas: qualificante, principal e glorificante (DE ZAN, 2021, 111). A prova qualificante se põe entre o E e o S, para explicar o motivo porque o E escolheu o S para cumprir a missão. A prova principal, por sua vez, se coloca entre o S e o O e tem como fim demonstrar que o S, "suportado" pelo C, é capaz de "administrar" o O. Finalmente, a prova qualificante se dispões entre o O e o D, explicando por que aquele chega a esse por meio do S. Assim, esquematicamente, temos:

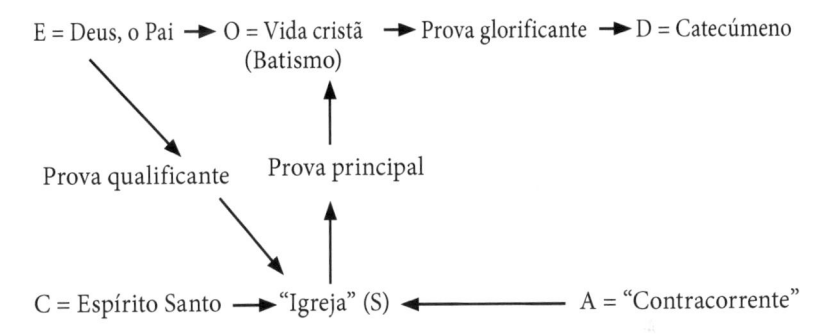

E = Deus, o Pai → O = Vida cristã → Prova glorificante → D = Catecúmeno
(Batismo)

Prova qualificante   Prova principal

C = Espírito Santo → "Igreja" (S) ← ——— A = "Contracorrente"

Faz-se necessário, então, identificar a prova que qualifica o Sujeito. O que qualifica a Igreja, para levar a cabo quanto lhe confiou o Senhor, encontra-se na estrutura sacramental da *historia salutis* na qual ela foi enxertada.

A retomada dos critérios patrísticos, no processo do incremento da reflexão teológica sobre os sacramentos, levou a ligá-los ao desenvolvimento da eclesiologia. Nesse contexto, houve uma recuperação do conceito primeiro de sacramento, entendido como "a união do divino com o humano, do visível com o invisível". Esse conceito de sacramento alarga-se à própria Igreja, entendida como sacramento vivo de Cristo: "A Igreja está em Cristo como sacramento, isto é, sinal e instrumento da íntima união com Deus e da unidade de todo o gênero humano" (LG 1).

A inserção da Igreja na categoria de sacramento decorre do projeto traçado por Deus *ab aeternitate*. A *Sacrosanctum Concilium* (5-6) o descreve da seguinte forma:

> Deus, que "que quer levar todos ao conhecimento da verdade e à salvação" (1Tm 2,4), "muitas vezes e de diferentes maneiras,

falou aos nossos pais por meio dos profetas" (Hb 1,1), quando veio a plenitude dos tempos, enviou seu Filho, o Verbo feito carne, ungido pelo Espírito Santo, para evangelizar os pobres, curar os contritos de coração (Is 61,1; Lc 4,18), como médico da carne e do espírito, Mediador entre Deus e os homens (1Tm 2,5). Com efeito, sua humanidade, unida à pessoa do Verbo, foi instrumento da nossa salvação, pois "em Cristo se dá nossa perfeita reconciliação com Deus e nos é concedida a plenitude do culto divino".

Esta obra da Redenção humana e da glorificação de Deus preparada pelas maravilhas realizadas por Deus no povo da Antiga Aliança, realizou-a Cristo Senhor, principalmente por meio do mistério pascal de sua bem-aventurada Paixão, Ressurreição dos mortos e gloriosa Ascensão, quando "morrendo destruiu a nossa morte, e ressurgindo restaurou a nossa vida" (Prefácio pascal). Pois, do Coração traspassado de Cristo adormecido na cruz, nasceu o admirável sacramento de toda a Igreja.

Assim como Jesus Cristo foi enviado pelo Pai, ele enviou os seus Apóstolos, cheios do Espírito Santo, não apenas para pregar o Evangelho a todas as pessoas (Mt 16,15), anunciando que o Filho de Deus, por sua morte e ressurreição, nos libertou do poder de Satanás (At 26,18) e da morte, e nos introduziu no Reino de Deus Pai, mas também para que realizassem por meio do Sacrifício e dos Sacramentos, em torno dos quais gira toda a vida litúrgica, a obra da salvação que proclamavam.

Assim, mediante o batismo as pessoas são enxertadas no mistério pascal de Cristo; morrem, são sepultadas e ressuscitam com ele (Rm 6,4; Ef 2,6; Cl 3,1; 2Tm 2,11), recebem o espírito de adoção filial "no qual clamamos: *Abbá*, Papai" (Rm 8,15), transformando-se assim nas verdadeiras adoradoras que o Pai procura (Jo 4,23). De maneira semelhante, sempre que participam da Ceia do Senhor anunciam igualmente a sua morte até ele volte (1Cor 11,26). Por isso, já no dia de Pentecostes, quando a Igreja se manifestou ao mundo, "aqueles que ouviram Pedro e acolheram a Palavra foram batizados". E estes "perseveravam na doutrina dos apóstolos, na comunhão fraterna, na fração do pão e nas orações [...] louvando a Deus e sendo bem-vistos pelo povo"

(At 2,41-47). Desde então, a Igreja jamais deixou de reunir-se em assembleia para celebrar o mistério pascal, proclamando "tudo o que se referia a ele em todas as Escrituras" (Lc 24,27), celebrando a Eucaristia na qual "se torna presente o triunfo e a vitória da sua morte", e ao mesmo tempo "dando graças a Deus por seu dom inefável" (2Cor 9,15) em Cristo Jesus "para o louvor da sua glória" (Ef 1,12), pela força do Espírito Santo.

Daí a compreensão da Igreja como sacramento primário, do qual brotam todos os demais sacramentos, entendidos como ação própria da Igreja e realização de sua realidade. A Igreja se configura, portanto, como a continuação histórica, isto é, sacramental, de Cristo, que por sua vez é o primeiro e original sacramento do Pai, do qual brotam todas as outras "sacramentalidades", que se realizam *per ritus et preces* (cf. SC 48). Obviamente, não se trata de uma Igreja "ideal", senão real, que se manifesta em sua multiministerialidade (cf. LG 11.14.17).

A Igreja age *in persona Christi*, assistida pelo Espírito Santo, que faz com que o seu operar ritual seja uma constante presentificação de Cristo, como atesta a *Sacrosanctum Concilium* (7):

> Para realizar obra tão grandiosa, Cristo está sempre presente em sua Igreja, especialmente nas ações litúrgicas. Está presente no Sacrifício Eucarístico, seja na pessoa do ministro, [...], seja, sobretudo, nas espécies eucarísticas. Está presente com o seu dinamismo nos Sacramentos, de maneira que, *quando alguém batiza, é Cristo que batiza*. Está presente na sua Palavra, pois é Cristo que fala quando se proclama na Igreja a Sagrada Escritura. Está presente ainda quando a Igreja ora e canta salmos, pois ele prometeu: "Onde dois ou mais estiverem reunidos em meu nome, eu estarei no meio deles" (Mt 18,20).
>
> Realmente, *nesta obra monumental*, pela qual Deus é perfeitamente glorificado e os homens santificados, *Cristo associa sempre a si a Igreja*, sua diletíssima esposa, que o invoca e por meio dele rende culto ao Eterno Pai.

Merecidamente *a liturgia é tida como o exercício do sacerdócio de Jesus Cristo. Nela, cada um a seu modo, os sinais sensíveis, significam e realizam a santificação da pessoa humana* e, assim, o Corpo Místico de Cristo, isto é, Cabeça e membros, presta a Deus o culto público integral.

Portanto, qualquer celebração litúrgica é ação sagrada por excelência por ser ação de Cristo Sacerdote e de seu Corpo, que é a Igreja, e nenhuma outra ação da Igreja lhe iguala, sob o mesmo título e grau.

A doutrina conciliar da liturgia, como *actio Christi*, é a prova principal da sua competência na superação do "Antagonista", por meio do seu agir (catequese, exorcismos, acompanhamento da comunidade etc.). Aqui reside a diferença substancial entre a cenografia teatral e a cenografia ritual: na segunda, os actantes que compõem o S e o C pertencem todos à realidade divina, por participação; portanto, podem comunicar o que lhes é próprio por herança.

E como o fazem? Por meio do seu agir ritual, pelo processo que compõe o complexo celebrativo dos sacramentos da iniciação cristã: "Por isso, a Igreja se preocupa vivamente que os fiéis cristãos não assistam como estranhos ou expectadores mudos a este mistério de fé, mas que, compreendendo-o bem nos seus ritos e preces, participem da ação sagrada consciente, piedosa e ativamente" (SC 48). De fato, a mudança no *status* do Destinatário (de catecúmeno a neófito, de morto a vivo, de cego a iluminado, de faminto a saciado, de não batizado a batizado, de criatura a filho de Deus, de estranho a membro da Igreja etc.), a cada celebração dos três graus que entrecortam o longo tempo da iniciação em quatro, provoca em toda a Igreja um perene estado de ação de graças:

> Por este motivo a Igreja anuncia a mensagem da salvação àqueles que ainda não creem, para que todos os homens venham a conhecer o único Deus verdadeiro e aquele que por ele foi enviado, Jesus Cristo, e se convertam fazendo penitência e abandonando

o caminho do erro (Jo 17,8; Lc 24,27; At 2,38). Aos que creem, [...] a Igreja tem o dever [...] de prepará-los e dispô-los a bem receber os Sacramentos [... e] estimulá-los a praticar as obras de caridade, piedade e apostolado, pelas quais se torne claro que os fiéis cristãos, embora não sejam deste mundo, se tornam luz do mundo e, deste modo, glorificam o Pai diante dos homens.

Por sua vez, a própria liturgia impulsiona os fiéis, para que, saciados pelos "sacramentos pascais", vivam "unidos na caridade"; e reza para que "confirmem pela vida o que receberam pela fé".

[...] Portanto, da liturgia e, de modo especial da Eucaristia, corre sobre nós, como de sua fonte, a graça que, em Cristo, realiza com maior eficácia a *santificação dos homens e a glorificação de Deus*, fim último para o qual convergem todas as outras obras da Igreja.

Eis a prova glorificante. Trata-se de uma verdadeira transformação acontecida no Destinatário, que o permitirá dizer com São Paulo: "Já não sou eu que vivo (situação inicial), é Cristo que vive em mim. A vida (sobrenatural) com que vivo agora na carne, vivo-a da fé no Filho de Deus, que me amou e se entregou por mim" (Gl 2,20 – situação final do processo).

Conclusão breve

O percurso iniciático à vida cristã é uma forma "dramática" de narrar a história da salvação de uma pessoa e, também, de uma determinada comunidade. O roteiro é o RICA. Os atores dessa trama, divinos e humanos, participam em "forma de teatro" (o Rito), que não admite expectadores nem ficções; por isso, no processo não existem figurantes e absolutamente tudo tem que ser verdadeiramente autêntico (elementos naturais, palavras, sentimentos, gestos/movimentos, lugares etc.).

Como em toda boa história, é importante que os atores humanos, embora tenham consciência de que em todos os momentos são "coadjuvados" pelo Espírito Santo, cumpram os seus papéis, conhecendo com profundidade os personagens que devem re[a]presentar, com o máximo de fidelidade ao roteiro (o *Ordo*) e com a mais extrema liberdade, lembrando que, depois que se entra em cena (na celebração), não se tem a possibilidade de uma segunda tomada.

Referências

AUSTIN, J. L. *Quando dizer é fazer.* Porto Alegre: Artes Médicas, 1990.

BALDACCI, A. M. L'educazione liturgica. In: GIRARDI, L. (Ed.). *La mistagogia. Attualità di una antica risorsa. Atti della XLI Settimana di studio dell'Associazione Professori di Liturgia: Alghero, 26-30 agosto 2013.* Roma: CLV/Ed. Liturgiche, 2014, 173-197.

BARONTO, L. E. P. *Laboratório litúrgico. Pela inteireza do ser na vivência ritual.* São Paulo: Paulinas, 2006.

BONACCORSO, G. *Celebrare la salvezza. Lineamenti di liturgia.* Padova: Messaggero, ²2003.

_____, Il linguaggio non verbale nella liturgia. *Rivista Liturgica*, Padova: Camaldoli/Finalpia, v. 78, n. 1 (gen./feb. 1991) 9-23.

CAMPEDELLI, M. Rito e teatro. Verso un dialogo ospitale. In: ASSOCIAZIONE PROFESSORI DI LITURGIA (Ed.). *Celebrare il Mistero di Cristo. Manuale di Liturgia.* Roma: CLV/Ed. Liturgiche, 2012, v. 3, 709-738.

CIBIEN, C. Celebrare con il "corpo vissuto" e i suoi linguaggi. In: MAGGIANI, S. (Ed.). *L'arte del celebrare. Atti della XXVII settimana di studio dell'Associazione Professori di Liturgia, Brescia, 30 agosto – 4 settembre 1998.* Roma: CLV/Ed. Liturgiche, 1999, 105-158.

COMIATI G.; LETO, F. Normatività e creatività nel rito. Una lettura antropologica per una ricomprensione pastorale. *Rivista Liturgica*, Padova: Camaldoli/Finalpia, v. 98, n. 3 (mag./giu. 2011) 877-893.

DE MARINIS, M. *Semiotica del teatro. L'analisi testuale dello spettacolo.* Milano: Bompiani, 1982.

DE TORO, F. *Theatre semiotics. Text and staging in modern theatre.* Frankfurt: Vervuert; Madrid: Iberoamericana, 1995.

DE ZAN, R. Ermeneutica. In: CHUPPUNGCO, A. (Ed.). *Scientia Liturgica*. Casale Monferrato: Piemme, 1998, v. 1, 356-389.

_____. *Erudi, Domine, quaesumus, populum tuum spiritalibus instrumentis. La lettura dell'eucologia latina. Appunti per la ricerca di un metodo*. Roma: CLV/Ed. Liturgiche, 2021.

DUBUC, J. *Il linguaggio del corpo nella liturgia*. Cinisello Balsamo: Paoline, 1989.

ECO, U. *Lector in fabula. La cooperazione interpretativa nei testi narrativi*. Milano: Bompiani, 1999.

FILHO, C. M. Narrativa. In: _____ (Ed.). *Dicionário da Comunicação*. São Paulo: Paulus, ²2014, 459.

GIRARDI, L. Celebrare con i libri liturgici. Arte e stile. *Rivista Liturgica*, Padova: Camaldoli/Finalpia, v. 98, n. 3 (mag./giu. 2011) 961-976.

_____. L'ermeneutica del libro liturgico. *Rivista Liturgica*, Padova: Camaldoli/Finalpia, v. 109, n. 1 (gen./mar. 2022) 99-112.

GREIMAS, A. J. *Maupassant. La semiotique du texte, exercises pratiques*. Paris: Éditions du Seuil, 1976.

_____. *Problemi del testo. Narratologia e creazione*. Bologna/Padova: Patron, 1978.

_____. *Semântica estrutural. Pesquisa de método*. São Paulo: Cultrix, ²1966.

GRILLO, A. *Ritos que educam. Os sete sacramentos*. Brasília: Edições CNBB, 2017.

KEIER, E. *Semiotica del teatro*. Bologna: Il mulino, 1988.

MAGGIANI, S. Come leggere gli elementi costitutivi del libro liturgico. In: ASSOCIAZIONE PROFESSORI DI LITURGIA (Ed.). *Celebrare il Mistero di Cristo. Manuale di Liturgia*. Roma: CLV/Ed. Liturgiche, 1993, v. 1, 131-141.

_____. Competenza per celebrare o per fare teatro. *Rivista Liturgica*, Padova: Camaldoli/Finalpina, v. 73, n. 1 (gen./feb. 1986) 56-73.

_____. Interpretare il libro liturgico. In: BROVELLI, F. (Ed.). *Il mistero celebrato. Per una metodologia dello studio della liturgia. Atti della XVII settimana di studio dell'Associazione Professori di Liturgia, Assisi, 28 agosto – 1o settembre 1988*. Roma: CLV/Ed. Liturgiche, 1989, 157-192.

_____. La nozione di iniziazione. In: _____ (Ed.). *Iniziazione cristiana degli adulti oggi*. Atti della XXVI settimana di studio dell'Associazione Professori di Liturgia, Seiano di Vico Equense (NA), 31 agosto – 5 settembre 1997. Roma: CLV/Ed. Liturgiche, 1998, 11-45.

NÖTH, W.; SANTAELLA, L. *Introdução à semiótica. Passo a passo para compreender os signos e a significação*. São Paulo: Paulus, 2017.

PASOLIN, P. *Teatro*. Milano: Garzanti, 1988.

PEIRCE, C. *Semiótica*. São Paulo: Perspectiva, 1990.

PIGNATARI, D. *Semiótica e literatura. Icônico e verbal, Oriente e Ocidente*. São Paulo: Cortez & Moraes, 1979.

RITUAL DA INICIAÇÃO CRISTÃ DE ADULTOS. *Ritual Romano Restaurado por decreto do Concílio Ecumênico Vaticano II e promulgado por autoridade do papa Paulo VI*. Tradução portuguesa da edição típica para o Brasil. São Paulo: Paulus, 2001.

RITUAL DO BATISMO DE CRIANÇAS. *Ritual Romano Restaurado por decreto do Concílio Ecumênico Vaticano II e promulgado por autoridade do papa Paulo VI*. Tradução portuguesa para o Brasil da segunda edição típica, com adaptação à índole do povo brasileiro. São Paulo: Paulus, 1990.

SANTAELLA, L. *O que é semiótica*. São Paulo: Brasiliense, 1999.

SCHECHNERS, R. Teatro e ritualità. In: ELIADE, M. (Ed.). *Enciclopedia delle religioni*. Milano: Jaca Book, 1994. v. 2, 583-593.

TERRIN, A. N. *Il rito. Antropologia e fenomenologia della ritualità*. Brescia: Morcelliana, 1999.

_____. *Leitourgia. Dimensione fenomenologica e aspetti semiotici*. Brescia: Morcelliana, 1988.

_____. Rito e teatro. Riflessioni a partire dall'antropologia culturale e dalla storia comparata delle religioni. *Studia Patavina*, v. 38, n. 3 (lug./set. 1991) 565-594.

TURNER, V. *Dal rito al teatro*. Bologna: Il Mulino, 1986.

UBERSFELD, A. *Theatrikón. Leggere il teatro*. Roma: Editrice universitaria di Roma La goliardica, 1994.

A iniciação cristã hoje: educar o desejo e consolidar a fé

Frei Luis Felipe C. Marques, OFMConv.[1]

A reflexão sobre a "Iniciação à Vida Cristã" (IVC) testemunha uma rica e extensa bibliografia a respeito. Ela parte da reabertura do processo, realizada pelo Concílio Vaticano II, e segue até os dias atuais, sobretudo, ao possibilitar novas reaberturas no questionamento da mudança de época e ao saber que o homem de hoje não é mais aquele de sessenta anos atrás e não será aquele de quarenta anos para frente. Nesse sentido, refletir sobre a "Iniciação à Vida Cristã na Igreja de hoje" impõe diversos aspectos a nossa abordagem e está inerente ao conceito, aos atores, aos espaços, às perspectivas abertas e a serem abertas.

A novidade principal está na categoria destinada ao tempo. O "hoje" é uma categoria temporal que coloca a questão dentro da

---

1. *Frei Luis Felipe C. Marques, OFMConv.* é natural de Duque de Caxias-RJ. Doutor em Teologia Sacramentária pelo Pontifício Ateneu Santo Anselmo de Roma. Assessor da Comissão Episcopal para a Liturgia da CNBB. Vice-presidente da Associação dos Liturgistas do Brasil (ASLI). Membro do Centro de Liturgia Dom Clemente Isnard. Professor no Instituto São Boaventura e na Fateo, em Brasília.

fidelidade criativa à Tradição viva da Igreja. A "boa" Tradição assume com fé e amor, rigor e abertura o compromisso de exercer o ministério da teologia – a escuta da Palavra de Deus, o *sensus fidei* do povo de Deus, o Magistério e os carismas, e em discernimento dos sinais dos tempos – para o progresso da Tradição Apostólica, sob a assistência do Espírito Santo, como ensina o Papa Francisco. Enquanto permanecermos ancorados nos "idealismos" do passado, não responderemos à rápida movimentação do mundo e deixaremos de contribuir com o processo de renovação da Igreja, iniciado com o Concílio Vaticano II, e de realizar a missão evangélica, deixada por Jesus, de revelar o Reino de Deus.

1. A reabertura do processo

O Concílio Vaticano II refletiu sobre a dinâmica identitária de todos os sacramentos e procurou resgatar o que é essencial: Jesus Cristo é recolocado como centro de toda a vida cristã e os sacramentos são compreendidos como verdadeira participação da pessoa no Mistério dele. Ao reconhecer a parte saudável da Tradição, fez-se questão de trabalhar naquela "doente", introduzindo o progresso legítimo como remédio aos problemas históricos e abstratos em torno dos sacramentos.

Graças ao Concílio e, consequentemente, ao Catecismo da Igreja Católica, fomos habituados a pensar os sacramentos não apenas como "sete", de modo singular, mas como três sacramentos de iniciação, dois de cura e dois de serviço. A recuperação de uma categoria mais articulada, a respeito da simplificada sucessão numérica dos "sete", constitui a forma mais elementar da consciência pastoral e da educação ritual (GRILLO, 2017a, 13): "Os sacramentos cristãos não são sete, mas três, depois mais dois e mais dois" (GRILLO, 2017b, 22).

Respondendo ao desejo conciliar, fonte que nos convida a confrontar-nos com o tema da Iniciação à Vida Cristã, foi determinada a revisão do Rito de Batismo de Adultos e decretada a restauração do catecumenato em várias etapas, inspirando-se no modelo feito pela Igreja primitiva: "O tempo do catecumenato seja destinado a catequeses profundas e santificado pelos ritos" (SC 64). Consequentemente, com a aprovação do Papa Paulo VI, a Congregação para o Culto Divino, no início de 1972, determina a publicação de uma nova edição do ritual em substituição ao Rito do Batismo de Adultos, presente no Ritual Romano. O itinerário catecumenal apresentado pelo RICA buscou desenvolver uma adequada articulação entre a proclamação da Palavra, o anúncio querigmático, a celebração litúrgica (ritos) e o compromisso de vida (caridade), envolvendo liturgia e catequese, ambas ligadas ao processo de transmissão e de crescimento da fé (PARO, 2017, 21). O desejo primordial não está simplesmente no intuito de celebrar de acordo com a vida, mas de viver da forma como se celebra. Sem a possibilidade de ater-nos aos detalhes da metodologia de inspiração catecumenal, pontuamos que o RICA recuperou alguns valores da Tradição: a prioridade da evangelização, a unidade dos sacramentos da iniciação cristã, a fundamental participação da comunidade e a imagem do cristão adulto (AUGÉ, 2010, 144). Dessa maneira, pode-se tranquilamente afirmar que, desde a sua criação, o RICA provou ser uma das mais importantes reformas litúrgicas desejadas pelo Concílio Vaticano II, um catalisador singular e poderoso de renovação pastoral, que tem um impacto significativo na teologia litúrgico-sacramental e no futuro da vida eclesial.

Tais feitos estão completando cinquenta anos e, praticamente, duas gerações se passaram. A reflexão atual nos permite retomar a vivacidade, a beleza e o entusiasmo daqueles que deram os primeiros passos para que a proposta conciliar tomasse vida e concretude, mas também nos recorda de que as nossas evidências não são as mesmas de um pouco mais de meio século atrás. O Concílio colocou as bases para o futuro e não é somente voltando nele que podemos recuperá-lo, mas partindo dele que seguiremos em busca do futuro da fé.

O desafio epistemológico de hoje não é voltar ao Concílio com um pouco de "mal-estar" daquilo que causou e com o desejo de reformar ou reconstruir a sua intenção, mas voltar para repartir dele e continuar com as intenções originárias da reforma para não "perverter" a própria reforma. Podemos voltar, sim, ao texto, mas com liberdade e abertura para redescobrir coisas novas e não somente repetir as que estão escritas.

Sendo que no Concílio foi verificada e comunicada uma verdade, ele permanecerá para sempre um exemplo típico da ação do Espírito Santo na Igreja. Agora, porém, resta-nos continuar trabalhando para que a verdade conhecida se torne realidade por meio das novas evidências. A consolidação não é imediata, até porque a verdade conciliar, de certo modo, foi inédita. Por isso, é impressionante e até assustadora a lentidão de como lemos as coisas novas lançadas pelo Concílio, sobretudo, quando recordamos que os passos dados tinham sido em parte elaborados no contexto do Movimento Litúrgico.

A nossa geração necessita renunciar à tentação de que não há mais nada de novo a ser visto por não ser a primeira vez que se tenta abordar a questão: "Todo escriba que se torna discípulo do Reino dos céus é como um pai de família, que tira do seu tesouro coisas novas e velhas" (Mt 13,52). Não basta querer ver coisas novas a todo custo, mas aprender a ver o novo que está acontecendo, abrindo-se ao dom do futuro. Nesse sentido, a novidade que motiva profundamente a importância de um retorno a um tema tradicional é o tempo que a Igreja vive. E isso não é apenas novo, mas também inédito. Entramos irreversivelmente em uma mudança de época que nos leva à urgente seriedade da questão. A mudança de época e a sua crise nos convida a fazer questões e a estarmos atentos aos sinais dos tempos. O próprio Senhor nos retira da acomodação, nos chama a responder aos novos desafios, convidando-nos a sair, a escutar, a servir, em um movimento de transformação missionária de nossa Igreja. O Evangelho não mudou, mas mudaram os interlocutores; mudaram os valores, os modelos, as alegrias e as esperanças, as tristezas e as angústias dos homens e das mulheres de hoje (CNBB, 2017, 34), além da escuta e da atenção à movimentação socioeclesial, necessitados de respostas coerentes e atualizadas aos desejos e desafios da humanidade de agora.

2. Os desafios de hoje

Para que o anúncio do Evangelho aconteça, é necessária a devida atenção aos desafios da realidade e a liquidez do tempo. Antes de tudo, por realismo, lucidez e franqueza, desde a publicação do RICA, precisamos observar que a Igreja não somente entrou em uma verdadeira mudança de civilização (paradigma) com a sociedade, mas também foi esmagada pelo secularismo, deslocamento paroquial, clericalismo e, consequentemente, por uma crise sistêmica, com revelações trágicas e escandalosas. A situação é por demais paradoxal e desafiadora.

O Papa Francisco, na *Evangelii Gaudium*, elenca diversos aspectos da realidade social e eclesial: a economia da exclusão, a idolatria do dinheiro, a desigualdade social que gera violência, a cultura do provisório, a proliferação de novos movimentos religiosos fundamentalistas (o tradicionalismo), o autoritarismo pastoral, a promoção de uma espiritualidade "sem Deus", a perda do compromisso com o comunitário (individualismo cultural), o relativismo moral, a fragilidade dos vínculos familiares, a atitude burocrática com que se dá resposta aos problemas simples ou complexos, a predominância do aspecto administrativo sobre o pastoral e a sacramentalização sem outras formas de evangelização (cf. EG 52-75). Em geral, as práticas religiosas tendem para a satisfação emocional, reforçando o sacramentalismo dos ritos vazios, desprovidos de pertença eclesial e sem o referencial da busca de seguimento a Jesus, e os devocionalismos, que não revelam conversão verdadeira e autêntica (SILVA, 2019, 63). Diante dessa conjuntura, os estudos se multiplicam, as tentativas são generosas e a intuição é nítida: o problema eclesial não é apenas de natureza quantitativa.

Os sinais dos tempos, lidos à luz da fé, exigem de nós humildade, atitude de acolhida, criatividade e capacidade dialogal. [...] E isto sinaliza a necessidade da conversão pastoral. É preciso estar em constante movimento de saída, de gestação permanente, sem nos apegarmos a um modelo único e uniforme. A inspiração catecumenal que propomos é uma dinâmica, uma pedagogia, uma mística, que nos convida a entrar sempre mais no mistério do amor de Deus. Um itinerário mistagógico, um desejo que nunca acaba. Porque Deus, sendo amor, nunca se esgota (CNBB, 2017, 36).

A desejada conversão eclesial acontecerá por meio da clara efetivação do processo de inspiração catecumenal. Repensar os caminhos da iniciação cristã obriga-nos a rever simultaneamente as estruturas eclesiais nas quais essa fé é vivida: "Consolidação/implantação da prática catecumenal e novo rosto de paróquia não podem ser buscas e sonhos paralelos, mas, ao contrário, tarefas complementares de um único projeto evangelizador, pois eles se dependem e se iluminam mutuamente" (REINART, 2014, 793). O percurso "catequético" não pode ser uma corrida inconsequente em busca dos sacramentos, mas um itinerário percorrido de forma consciente, em vista de tornar-se adulto na fé e no discipulado missionário de Jesus Cristo. Antes de chegar aos sacramentos, é preciso encontrar-se com a pessoa de Jesus e assimilar existencialmente os grandes mistérios da fé cristã. Em síntese, o processo é de iniciação *com* os sacramentos e por meio *dos* sacramentos, e não *aos* sacramentos (BUA, 2016, 16).

O evento da encarnação, da cruz e da Páscoa de Cristo é de fundamental importância para ajudar o crente a mudar a imagem de Deus, adquirida graças a uma fé baseada em princípios puramente morais ou jurídicos, bem como a penetrar na lógica de um Deus que é negligenciado quando se está "seguro". De fato, a liturgia não tem como primeiro propósito apresentar uma imagem de Deus, nem mesmo uma teologia sobre Deus, mas tem o objetivo de nos fazer experimentar uma imagem de Deus no sentido bíblico, ou seja, para nos levar ao encontro com Deus. A fé não é crer em Jesus, mas encontrar Jesus, ser enxertado nele. A fé é um processo iniciático, cujos modelos são os ritos de iniciação cristã. No batismo, entro em Cristo, sou semeado em Cristo; e, na Eucaristia, Cristo entra em mim, é semeado, enxertado em mim para que eu me torne o bom odor de Cristo no mundo (PEREIRA, 2015, 9).

Toda dimensão da metodologia catecumenal, os tempos e as etapas, com seus objetivos específicos, os ritos de passagem, a gradualidade do processo confirmam que o catecumenato é um percurso consciente, progressivo e gradual de maturação da vida cristã e de não pressuposição da fé em nenhuma atividade eclesial. Quando se tem a compreensão da catequese como preparação aos sacramentos, sobressai a pedagogia do curso, do saber sobre, diferentemente do paradigma do percurso, em que o próprio termo sugere progressividade, amadurecimento, iniciação. Enquanto o primeiro termo indica preparação, sobretudo intelectual, assimilação de conteúdo, o segundo termo indica iniciação, progressividade, continuidade (REINART, 2019, 19).

Os traços culturais nos amarram. Tratando-se de mudança de mentalidade, o processo é lento e nem sempre gradual. Sofremos avanços e retrocessos no processo histórico. A consequência dessa reflexão, aliada a outras conjunturas históricas, é a visão do agir dos sacramentos, em muitos setores da Igreja, de forma quase mágica, deixando de lado os seus significantes particulares e distanciando os gestos de uma verdadeira ordem simbólica. A dissociação entre visível e vivência modifica, com profundidade, a prioridade do trabalho teológico. Somente uma forma visível correta garante a graça de ser vivenciada pelo homem, sobretudo, recuperando os sentidos, as prioridades e a consciência. A concentração do significado dos sacramentos somente no dom da graça faz com aconteça uma experiência do dom sem o dom da experiência. É necessário, portanto, praticar caminhos novos, para que as linguagens, as formas e as categorias da vida cristã encontrem o seu sentido. E isso é verdade tanto para a catequese como para a liturgia. É um trabalho teológico, cultural e espiritual que ninguém pode fazer sozinho e que exige o concerto sinfônico de uma ação eclesial. Torna-se sempre mais clara a necessidade de transformar programas em percursos, conceitos em experiências, teorias em práxis, aulas em encontros mistagógicos e celebrativos.

É preciso configurar um novo imaginário simbólico. Viemos de um passado em que a fé cristã e a prática litúrgica eram evidentes. Nesse contexto, a catequese era considerada preparatória à liturgia, formava-se para celebrar. O ensinamento e a explicação eram os melhores meios para acompanhar a vida do crente. Passava-se do compreendido para o celebrado. Mas, hoje, em nosso tempo, essa abordagem intelectualista não é mais suficiente para a vida eclesial. Essa é uma questão decisiva para o futuro da Igreja. A premissa fundamental toca a significação do símbolo, que não reside isoladamente na *res*, nem somente no gesto, nem na pessoa que o oferece ou o recebe, mas na atividade intercambiada por objetos, palavras, gestos, relações, identidades, e na abertura ao mistério. O símbolo indica a nossa relação significante com a realidade. Esse caminho adverte a importante saída do "mínimo necessário" sacramental, marcado por razões de validade e funcionalidade, e a entrada no rico espaço da fé, do movimento do Espírito e da memória salvífica acontecida pelo rito. O rito é o significado em ação, revelando a superabundância de possibilidades: escuta e diálogo, celebração e oração, testemunho e festa, serviço de caridade e gestos de fraternidade.

Acompanhar a transição do *sacro*, de um cristianismo feito de realidades fixas que se impõem de fora e se conformam por assimilação, ao *simbólico*, realidade alcançada por convicção interior e experiência pessoal, é o maior desafio de hoje: "O desafio é muito exigente, pois o homem moderno – não em todas as culturas e da mesma forma – perdeu a capacidade de se confrontar com a ação simbólica, que é uma característica essencial do ato litúrgico" (DD 27). Uma pedagogia didática e uma abordagem conceitual-racionalista não são suficientes, como não o é também uma abordagem de tipo dogmático-disciplinar ou ascético-moral. A mediação "doutrinária" e "disciplinar" já não é suficiente, pelo contrário, torna-se contraproducente (GRILLO, 2017b, 56). A fé não é primariamente um conhecimento ou um dever, ou melhor, não é primordialmente um conhecimento conceitual ou um dever moral, mas uma relação pessoal e comunitária.

3. O percurso realizado, mas ainda aberto

Muitos esforços têm sido feitos a partir do Vaticano II. No Brasil, a reflexão sobre "Iniciação à Vida Cristã" atende ao pedido da 46ª Assembleia dos Bispos, celebrada em 2008. Situa-se como desdobramento do *Diretório Nacional de Catequese* (2005), como resposta à interpelação de *Aparecida* (2007) e recomendação das *Diretrizes Gerais da Ação Evangelizadora no Brasil/2008-2010* (CNBB, 2009, 11). A pedido dos bispos e das Igrejas Particulares, em 2014, foi elaborado o *Itinerário Catequético: iniciação à Vida Cristã*. Em 2016, na 54ª Assembleia dos Bispos, foi aprovado que a Iniciação à Vida Cristã fosse o tema central da 55ª Assembleia dos Bispos, que resultou na publicação do documento *Iniciação à vida cristã: itinerário para formar discípulos missionários*. Sem dúvida a publicação deste documento foi um grande ganho para a Igreja do Brasil e, também, um desafio para sua compreensão e implementação. Ele incentiva a elaboração dos *Projetos Diocesanos de Iniciação à Vida Cristã*, cujo objetivo é levar "a uma maior conversão a Jesus Cristo, forme discípulos, renove a comunidade eclesial e suscite missionários que testemunhem sua fé na sociedade" (CNBB, 2016, 66).

Os documentos oferecem bases teológicas e pastorais para as mudanças e apresentam pistas concretas de efetivação. Algumas dioceses e paróquias conseguiram avanços significativos. Os esforços são endereçados a passar de uma pastoral "sacramentalista", finalizada a "administração" dos sacramentos de iniciação, a uma pastoral para "fazer cristãos", em que os sacramentos são etapas fundamentais e importantes, mas, ao mesmo tempo, etapas de um itinerário mais complexo e articulado. É exigente uma pastoral que conduza à redescoberta e à consciência progressiva e pessoal da própria fé, mediante uma catequese permanente e catecumenal (MURONI, 2020, 159-162). A título de exemplo, o batismo de crianças pode acontecer em uma celebração que tem a duração de vinte minutos, no entanto, a Iniciação à Vida Cristã tem a duração de três anos. Isso muda toda a lógica sacramental e a ação pastoral da Igreja. Não está em jogo uma operação temporal, cronológica, administrativa, e sim uma operação essencial que toca a vida, o falar, o encontrar, o escutar, o educar, o celebrar e o rezar.

Ao observamos a movimentação em torno do resgate da IVC, por meio do processo de inspiração catecumenal, não temos dúvidas de que grandes passos estão sendo dados e que estamos conseguindo recuperar o sentido da teologia dos sacramentos, ao valorizar o fundamento ritual da existência cristã. Muitas são as dioceses e paróquias que assumiram com seriedade as novas orientações para uma renovação radical na prática da Iniciação, tomando consciência de que a decisão constitui uma singular oportunidade de renovação eclesial. Uma visão geral de muitas dioceses mostra dados reconfortantes: além dos efeitos sobre crianças e seus pais, esse grande canteiro tem restituído a fecundidade da catequese.

Há vários testemunhos, inclusive, de muitos presbíteros que reencontraram o gosto pelo ministério a partir dos esforços de implementação do IVC. O *Documento de Aparecida* já tinha consciência de que a renovação da paróquia exige atitudes novas dos párocos e dos sacerdotes que estão a serviço dela. A primeira exigência é que o pároco seja autêntico discípulo de Jesus Cristo, porque só um sacerdote apaixonado pelo Senhor pode renovar uma paróquia (DAp 201).

Ao mesmo tempo, não podemos negar que, após cinco décadas de sua redescoberta, ela é, em não poucas realidades eclesiais, desconhecida ou não assumida. Ainda é forte nas nossas catequeses o foco sacramentalista na recepção dos sacramentos, em detrimento da centralidade do seguimento a Jesus Cristo, mediantes a vida em comunidade. "Somam-se a isso estruturas eclesiais que nem sempre facilitam a execução da iniciação catecumenal" (REINART, 2014, 795). Em muitas paróquias brasileiras se mantém o modelo ordinário de catequese, mas as iniciativas, propostas e pequenas mudanças preparam o terreno para uma proposta mais articulada, global, missionária, com o envolvimento dos pais e da inteira comunidade. Em muitas dioceses e paróquias ainda não existem as condições para mudanças estruturais, mas já se começa a introduzir nos hábitos tradicionais uma nova mentalidade. Podemos dizer que essas experiências não mudam o quadro externo, mas começam a introduzir aquela "inspiração catecumenal" de que estamos falando.

Os avanços trazidos pelo Vaticano II são ainda pouco conhecidos, resultando em uma fraca incidência de uma prática catequético-pastoral. Porém os desafios e as problemáticas continuam aumentando e trazendo a certeza de que o caminho escolhido para o contexto atual possui uma boa resposta pastoral, facilita a eficácia da ação sacramental, reforça a necessidade eclesial de uma ministerialidade mais articulada e fortalece o caminho de uma catequese mais mistagógica.

Em geral, a prática sacramental na realidade brasileira acontece de forma mista, consequentemente, a IVC. Ainda encontramos a permanência de hábitos religiosos em que algumas famílias recorrem ao batismo dos seus filhos recém-nascidos e seguem a formação até a recepção do sacramento da Crisma. O batismo de crianças permanece ainda uma práxis fortemente tradicional e culturalmente aceitável, mesmo não sendo mais realizado nos primeiros meses de vida. Há uma pluralidade de situações sociais e familiares não tão favoráveis. A Crisma e a Primeira Eucaristia participam da mesma problemática. Muitos procuram o sacramento da Penitência-Reconciliação, porém com fraca compreensão do porquê desse sacramento, caindo mais nos escrúpulos morais da consciência do que em uma relação eficaz com a misericórdia de Deus e com a Igreja (LG 11). Quanto ao sacramento da Unção dos Enfermos, observamos que temos compreensões e incompreensões. Existe ainda a concepção e o medo da "extrema-unção". O sacramento do Matrimônio e as vocações sacerdotais têm diminuído fortemente, porém encontramos desejos consolidados e sérias maturidades afetivas. Estamos atravessando uma fase mediana e transitória.

Uma boa quantidade da população ainda se reconhece relativamente católica e praticante de gestos religiosos. Entretanto, é nessa fase transitória que precisamos consolidar a redescoberta da IVC. Aderimos a esse processo catecumenal ou não conseguiremos dar continuidade à evangelização. Todos os empenhos pastorais de hoje têm como objetivo a continuação da fé no tempo vindouro. As propostas pastorais servem para consolidar a fé daqueles que estão vindo de um cristianismo de conveniência e devem aderir a um cristianismo de convicção.

Daqui a quarenta anos, por exemplo, não estaremos mais nessa fase transitória. O cristianismo será predominantemente "por opção", sendo um cristianismo minoritário, e o processo da IVC será consolidado de forma obrigatória; por isso, o futuro da Igreja depende dos passos dados e das estratégias escolhidas hoje. Daqui a mais alguns anos, a fé será alcançada por meio da conversão e da convicção. De fato, no centro da cultura ocidental atual existe uma enormidade de opções religiosas estruturadas e não estruturadas, comunitárias ou individualizadas. Voltaremos, portanto, a vivenciar uma situação semelhante à dos cristãos dos primeiros séculos.

No terceiro século do cristianismo, Tertuliano já dizia que o cristão não nasce, mas se torna cristão. A partir do século V, com a cristianização do Império Romano, a situação tinha se invertido: "Se nasce cristão e não existe outra possibilidade". Hoje a sociedade mudou vertiginosamente, passando por profundo processo de secularização que provocou a descristianização da sociedade, fazendo com que a fé tenha se reduzido ao âmbito do privado: "Não se nasce mais cristão, mas pode se tornar cristão, no entanto, não se sente mais que o cristianismo seja necessário para viver humanamente bem". A fé cristã é mais uma possibilidade para enfrentar a aventura humana, pessoal e social. A Igreja não tem mais o significado exclusivo. Assim, as nossas comunidades cristãs serão pequenas comunidades, baseadas mais em relacionamentos do que em estruturas e organização. A pastoral será de proposta, não de conservação ou imposição. O poder pessoal da decisão marcará cada vez mais a nossa sociedade.

Nessas comunidades, o processo de iniciação cristã será destinado a adultos e a toda a família (crianças com os pais). Esse processo – obrigatória e oficialmente – terá a forma de um estágio: uma imersão na vida da comunidade, marcada pelas etapas sacramentais, acompanhadas por tutores, como ocorreu nos primeiros séculos. Esse acompanhamento já não pode ser delegado apenas ao catequista. A comunidade como um todo será o útero gerador da fé e o princípio experiencial será o desejo mais visibilizado. A catequese nesse processo de IVC será uma catequese que terá as características do primeiro anúncio e da mistagogia, do anúncio do querigma e do progressivo aprofundamento do dom da fé a que se aderiu.

> Não se deve pensar que, na catequese, o querigma é deixado de lado em favor de uma formação supostamente mais sólida. Nada há de mais sólido, mais profundo, mais seguro, mais consistente e mais sábio que esse anúncio. Toda formação cristã é,

primeiramente, o aprofundamento do querigma que se vai, cada vez mais e melhor, fazendo carne, que nunca deixa de iluminar a tarefa catequética, e permite compreender adequadamente o sentido de qualquer tema que se desenvolve na catequese (EG 165).

Do caminho feito até hoje, observamos que o problema central está em torno do tempo da mistagogia, a última etapa do processo, cujos objetivos são "novo senso da fé, da Igreja e do mundo" (RICA 38), "aprofundamento das relações com a comunidade dos fiéis" (RICA, 7d), "conhecimento mais completo e mais frutuoso do mistério" (RICA 38). Não se trata simplesmente de tomar consciência da realidade sacramental objetiva (efeitos do sacramento), mas de alcançar a maturidade da fé significada pelos sacramentos. A "administração" dos sacramentos, com efeito, sinaliza a conclusão de um caminho, restando permanente a dificuldade de sentir-se em comunidade de maneira plena. Isso acontece porque a iniciação cristã tem sido vista apenas como um método em etapas e não como um caminho único e integral. Aprender a permanecer em comunhão com Cristo e na Igreja é o ponto de chegada da iniciação cristã. A função do itinerário catecumenal é guiar o candidato a desenvolver a dimensão fundamental da existência cristã e o seu objetivo é conduzi-lo à pertença consciente, madura e responsável ao Corpo de Cristo, que é a Igreja, a uma vida real de comunhão com os irmãos na fé e de participação na idêntica missão no mundo (AUGÉ, 2010, 146). É evidente que a Iniciação não é um mero "conhecimento" ou "segredo", mas "descoberta" da admirável relação entre Corpo de Cristo e Corpo da Igreja. Diríamos, portanto, que participar do itinerário catecumenal não é uma experiência subjetiva, mas uma forma comunitária de formação mistagógica.

Uma avaliação da perspectiva teológica da mistagogia está ainda longe de ser adequadamente considerada e articulada (GRILLO, 2017a, 91). O problema, com isso, é mais amplo, não somente porque o tempo da mistagogia é considerado o elemento mais próximo da Tradição, mas porque os muitos problemas das nossas pastorais continuam em torno da falta de pertença, continuidade e responsabilidade. Não há "conversão pastoral" se não houver a "conversão mistagógica"; "para renovar a fé e a missão da comunidade, somos chamados a redescobrir o centro da fé, a relação com Jesus e o anúncio do seu Evangelho ao mundo inteiro" (Papa Francisco).

Outra característica da catequese, que se desenvolveu nas últimas décadas, é a iniciação mistagógica, que significa essencialmente duas coisas: a necessária progressividade da experiência formativa, na qual intervém toda a comunidade, e uma renovada valorização dos sinais litúrgicos da iniciação cristã. Muitos manuais e planificações ainda não se deixaram interpelar pela necessidade de uma renovação mistagógica, que poderia assumir formas muito diferentes de acordo com o discernimento de cada comunidade educativa (EG 166).

A iniciação cristã é um itinerário. Se o seu paradigma é catecumenal, devemos lembrar que ela não consiste em um caminho que vive a procura de métodos, etapas, objetivos, mas sim trata-se principalmente de identificar os passos de Deus em seu caminho para nós e os vestígios que o seu Espírito continua a deixar em nosso meio. E parece que o Senhor, como atesta o Evangelho, não gosta de trilhas preestabelecidas, mas segue caminhos inesperados e esquecidos. Assim, em vez somente de um modelo mistagógico inspirado em um passado idealizado, a questão mais decisiva e fundamental é fazer a "passagem" dos sacramentos para a sacramentalidade, a ponto de descobrir qual o modo que Deus tem falado ao mundo de hoje, fugindo das lógicas minimalistas e essencialistas.

Entretanto, todos os passos dados revelam-se como *Kairós*, ocasião propícia para continuar a repensar a teologia e a pastoral do "tornar-se cristão" em um processo de dupla fidelidade: fidelidade a

Deus e fidelidade ao homem. Fidelidade a Deus significa redescobrir a identidade permanente da iniciação cristã, como emerge da escuta da revelação e da vivência da Tradição. Fidelidade ao homem significa sintonizar-se com as expectativas do tempo presente, sabendo que as perguntas do homem de hoje não são aquelas do passado. Esses dois fundamentos nos dizem que a organização não pode ser um fato meramente funcional, mas sim um cuidadoso discernimento comunitário, na escuta daquilo que o Espírito sugere à Igreja, no lugar concreto e no momento presente. Os sacramentos, com efeito, mesmo sendo ordenados ao homem, servem como "sinais" do crescimento de Cristo no homem (MARSILI, 1987, 139).

4. Educar o desejo e consolidar a fé

Uma época em mudança transforma as várias dimensões do humano: gestos, linguagens, sensibilidades, relações e desejos. No âmbito da fé e na dimensão eclesial, tal mudança transforma a questão ritual e a dinamicidade simbólica (BELLI, 2021, 17). Por isso, a questão sobre a iniciação cristã hoje é bastante ampla e merece novas interrogações, e, enquanto denuncia a inadequação de um modelo educativo herdado do passado, convida-nos a uma radical renovação do pensamento e da ação. Hoje, não basta dizer que estamos celebrando o mistério pascal de Cristo na liturgia, pois dizer isso talvez seja a manutenção do objetivismo abstrato dos tempos remotos, mas sim redescobrindo a centralidade antropológica da liturgia; precisamos acreditar que é por meio dos mecanismos humanos e da alteridade temporal da existência que o mistério pascal atinge e revela o seu aspecto salvífico mais profundo.

Os ritos religiosos possuem uma altíssima densidade de sentido e não podem ser suportados pela capacidade ritual da nossa época. Não é que não compreendamos os ritos, não tenhamos estruturação antropológica para vivenciar a intensidade do sentido, o peso da verdade e o valor simbólico da ação ritual. Na verdade, propor os sacramentos a quem não está habilitado a suportar uma alta carga de verdade na sua ritualidade fundamental de existir é como querer que a tecnologia de hoje funcione em um aparelho antigo. A experiência torna-se frustrante (BELLI, 2021, 17).

Iniciar à luz da mistagogia significa iniciar à luz de um itinerário de reconhecimento do dom recebido: estar na Igreja e ser Igreja. Nesse sentido, temos de falar de iniciação a um profundo sentido de Igreja que contribua ao discernimento e ao entendimento da intensidade da vida cristã no mundo. Sem iniciação, o cristão não consegue costurar a polaridade entre o que é objetivo e o que é subjetivo, colocando-se dentro de um juridicismo pragmático e da moral casuística, vivendo a mágica do ritualismo e não a beleza da ritualidade. Sendo, de fato, iniciado, o cristão não será um pseudoadulto, narcisista e infantilizado, atacado pela esquizofrenia existente entre comunidade e sociedade, tendo que recorrer a ideias fundamentalistas, pelagianas e gnósticas para viver de modo "coerente" a sua fé e a sua vasta missão no mundo.

Nesse sentido, três são as passagens fundamentais: iniciática (*intro-ducere*), educativa (*e-ducere*) e cultural (*tra-ducere*). Somos convictos de que a dinâmica de introdução no percurso de Iniciação à Vida Cristã significa introdução à fé. É o primeiro e fundamental percurso de crescimento. É um percurso de reconstrução da linguagem. A segunda passagem é o *e-ducare*, que significa reeliminar as concepções equivocadas da fé e conduzir gradualmente em direção a uma escolha de vida vocacional (*novitas vitae*). Por fim, a última passagem trata-se de vivenciar a experiência cristã com os seus códigos, símbolos, gestos comunicativos e figuras, enquanto capacidade de interpretar a vida humana e a realidade à luz da fé cristã. É a dinâmica de tradução da cultura que não é apenas admissão de códigos sociológicos convencionais, de habilidades, conhecimentos e métodos para o funcionamento eficaz do caminho futuro (BRAMBILLA,

2017, 163-167). É por meio da cultura que se consolida a fé. Essa tríplice valência do cristão iniciado nos permite dizer que a dinâmica da iniciação nos introduz no grandioso e gratuito dom do mistério pascal de Cristo e nos insere dentro de cultura da misericórdia e do encontro, dando capacidade para ler os sinais dos tempos e, de forma correta, o homem da atualidade.

No mais, afirmamos que iniciar significa sair da particular leitura intimista-espiritual e/ou essencialista-doutrinal dos sacramentos e da fé. Em outros termos, sair da leitura intelectual-teórica imediata. Iniciar significa percurso no tempo, sem desesperos e correrias, pois a História da Salvação não é uma noção, um conceito ou uma proposição, mas um evento; todo o processo de iniciação precisa do tempo para assimilar linguagens, consolidar formas, fortalecer hábitos e costumes. A gestação de uma criança dura, em geral, nove meses no ventre materno. Depois, a criança recebe dos pais, irmãos, tios e professores muitos aprendizados que a permitem ser pessoa. Então, uma criança não é "gerada" somente porque saiu do ventre da mãe, mas porque aprendeu a falar, a observar, a sorrir, a comer, a caminhar, a cair, a tornar-se autônoma e a relacionar-se. Tudo isso a criança aprende somente se for educada por outras pessoas durante o tempo. Não podem existir automatismos. O dom da graça é imediato (geração/nascimento), mas a resposta do homem é sempre mediada por outros (relação/crescimento) (GRILLO, 2014, 239-245).

Na dinâmica eclesial, não basta ser gerado, é preciso ser educado por outros até que a fé seja consolidada. Cada acompanhamento privilegia a escuta e a atenção ao outro. Ouvir a história de um catecúmeno é antes de tudo ver Deus encarnar-se em outra pessoa por meio dos acontecimentos de sua vida, suas alegrias, seus sofrimentos, seus traumas e suas descobertas. Há elementos antropológicos que não são opcionais nem podem ser ignorados para que a iniciação seja a passagem de uma vida infantil a uma vida adulta, inclusive na fé, no discipulado e seguimento de Cristo e na pertença a uma comunidade de fé, a Igreja. Há praticamente uma lei universal de ordem antropológica, uma "quase lei natural", certa estrutura humana, variando de uma cultura para outra em sua expressão segundo os contextos. E desprezar isso é fruto ou de ignorância ou de presunção pós-estruturalista e pós-lei-natural; é como pretender colocar a cereja em um bolo que não existe (SUSIN, 2019, 35).

Os catecúmenos que hoje batem à porta da Igreja não ignoram a crise que ela atravessa. No entanto, se eles se atrevem a se aproximar da Igreja é porque permanecem cheios de esperança. E essa é, sem dúvida, uma diferença essencial em comparação com os catecúmenos de cinquenta anos atrás, quando foi publicado o Ritual da Iniciação Cristã de Adultos. Naquele tempo, não era visível a crise sistêmica que trouxe revelações trágicas, paradoxais e escandalosas. O caminho do catecúmeno é antes de tudo obra do Espírito Santo, que, no coração de cada ser humano, precede tudo e todos.

Considerações finais

A Igreja, ao longo de sua história, foi aprendendo aos poucos a arte de formar novos discípulos. Desde cedo criou sólidas instituições para poder levar adiante sua missão de evangelizar e anunciar a pessoa de Jesus Cristo. No decorrer dos séculos, sempre que sofreu momentos de crise, reportava-se à experiência pioneira de tantas testemunhas da fé. Desde o Concílio Vaticano II, dando-se conta da evolução temporal, decidiu retomar as práticas da Iniciação à Vida Cristã. Assim, a pastoral, a catequese, a liturgia e a teologia dos sacramentos decidiram recuperar a linguagem da iniciação cristã. Hoje, inclusive, podemos constatar um exagero no uso da terminologia e alguns equívocos nos diversos discursos eclesiais: na problemática pastoral das paróquias, nos documentos e nos estudos das conferências episcopais, nas aulas de teologia e nos cursos de liturgia. No passado, o termo era utilizado apenas em alguns textos da história da

Igreja ou da liturgia, aludindo à unidade dos três sacramentos. Dessa forma, hoje, precisamos nos perguntar: qual o verdadeiro objetivo da iniciação cristã? Isso implica, como conclusão, passagens importantes, ou seja, relações entre o iniciar, o educar e o consolidar.

Chegou o momento de reconhecer os sinais dos tempos, de aproveitar a oportunidade e olhar para mais longe. É preciso desaprender, aprender e reaprender novas linguagens e estilos de vida. Necessitamos de um processo de cura, que requer uma educação eficaz e um sério trabalho interior em todas as dimensões da atividade eclesial. O centro nevrálgico é a escuta das alegrias e esperanças, tristezas e angústias dos seres humanos – para evocar a constituição pastoral do Concílio –, e não a alienação ou a projeção do desejo em uma ideia abstrata de sagrado ou em um ativismo ideológico, político ou social.

O projeto de iniciação necessita ter como objetivo o desejo de educar a viver a relação religiosa *como seres humanos, homens em sentido pleno* (DD 34). Sem essa reviravolta fundamental, qualquer iniciativa de iniciação não passará de um paliativo pouco eficaz. Se a recuperação do caráter mistagógico e iniciático dos sacramentos não consegue dar uma *ratio* sistemática que articule o conceito e a prática, correremos o perigo de viver os sacramentos como algo transitório, sem raiz e, sobretudo, sem qualquer ligação com a Fonte.

Referências

AUGÉ, M. *L'Iniziazione Cristiana. Battesimo e confermazione.* Roma: LAS, 2010.

BELLI, M. *L'Epoca dei riti tristi.* Brescia: Queriniana, 2021.

BRAMBILLA, F. *Liber pastoralis.* Brescia: Queriniana, 2017.

BUA, P. *Battesimo e confermazione.* Brescia: Queriniana, 2016.

CONFERÊNCIA NACIONAL DOS BISPOS DO BRASIL. *Iniciação à vida cristã. Itinerário para formar discípulos missionários.* Brasília: CNBB, 2017. (Col. Documentos da CNBB, n. 107).

_____. *Iniciação à vida cristã. Um processo de inspiração catecumenal.* Brasília: CNBB, 2009. (Col. Estudos da CNBB, n. 97).

FRANCISCO. *Exortação apostólica Evangelii Gaudium. Sobre o anúncio do Evangelho no mundo atual.* São Paulo: Paulinas, 2013.

_____. *Carta apostólica Desiderio Desideravi. Sobre a formação litúrgica do povo de Deus.* São Paulo: Paulus, 2022.

GRILLO, A. Mistagogia e prospettiva teologica. Recezione della provocazione mistagogica e ripensamento iniziatico della prima comunione. In: _____. *La mistagogia. Attualità di una antica risorsa.* Roma: Edizione Liturgiche, 2014.

_____. *Iniziazione. Una categoria vitale per i giovani e la fede.* Verona: Gabrielli editori, 2017a.

_____. *Ritos que educam. Os sete sacramentos.* Brasília: CNBB, 2017b.

MARSILI, S. *I segni dei misteri de Cristo. Teologia liturgica dei sacramenti.* Roma: Edizioni Liturgiche, 1987.

MURONI, P. *Iniziazione Cristiana.* Assisi: Cittadella, 2020.

PARO, T. *As celebrações do RICA. Conhecer para bem celebrar.* Petrópolis: Vozes, 2017.

PEREIRA, J. Celebrare per entrare nella dinamica della fede pasquale. *Credere oggi*, Padova, v. 35, n. 208 (abr. 2015) 7-16.

REINART, J. Paróquia e iniciação cristã catecumenal. Uma relação urgente e interdependência entre renovação paroquial e mistagogia catecumenal. *Revista Eclesiástica Brasileira*, Petrópolis, n. 296 (out./dez. 2014) 792-825.

_____. Inspiração catecumenal e conversão pastoral. *Vida Pastoral*, São Paulo, n. 325 (jan./fev. 2019) 17-26.

SILVA, D. Mudar o foco. Uma urgência para o processo de iniciação à vida cristã. *Annales FAJE*, Belo Horizonte, v. 4, n. 2 (2019) 62-71.

SUSIN, L. O "calcanhar de Aquiles" da iniciação à vida cristã. *Revista Eclesiástica Brasileira*, Petrópolis, n. 312 (jan./abr. 2019) 34-59.

O espaço celebrativo: o batistério

Kátia Pezzin[1]

Introdução

Este estudo tem como finalidade buscar, na história do cristianismo e em suas raízes judaicas, como foram os lugares da iniciação cristã e como esses espaços podem nos ajudar a refletir, hoje, sobre nossas capelas batismais, em conjunto com as orientações dos documentos pós-Concílio Vaticano II e da teologia do batismo. A pesquisa também quer salientar a importância da fonte batismal como monumento pascal no espaço celebrativo e como recordação de Cristo na vida do cristão.

---

1. *Kátia Sabiany Pezzin* é arquiteta e urbanista pela Universidade Federal do Espírito Santo (1992), com especialização em Espaço litúrgico, Arquitetura e Arte Sacra pela Universidade Salesiana de São Paulo, UNISAL – Pio XI (2020). Membro da Comissão de Arte Sacra da Arquidiocese de Vitória, da Comissão de Bens Culturais do Regional Leste III e da Associação dos Liturgistas do Brasil (ASLI).

1. Um pouco de história e simbolismo

No tempo do batismo de Jesus e do próprio judaísmo, não havia construções arquitetônicas adequadas para a realização do batismo, o qual era realizado em rios ou fontes, como podemos verificar nesta passagem da Sagrada Escritura: "E mandou parar a carruagem. Desceram ambos à água, Filipe e o eunuco. E Filipe o batizou" (At 8,38). Com a prosperidade da Igreja nos séculos II e III, encontramos lugares fixos para a celebração do rito da fração do pão, como era chamada a celebração eucarística. Esses lugares eram as próprias casas, conhecidas como *Domus Ecclesiae* e adaptadas à Igreja nascente, onde as comunidades cristãs se reuniam. Havia vários espaços na casa da igreja designados para a iniciação cristã, o batismo e a fração do pão, e a mais conhecida dessas construções estava localizada em *Dura Europos*, na Síria, construída no ano 250, onde a sala destinada ao batismo era ornada com iconografias referentes aos ensinamentos e milagres de Jesus (MORAES, 2009, 27.151).

A partir do início do século III, encontramos referências de construções próprias para o batistério, pois o batismo havia se tornado um rito essencial na vida dos cristãos, a porta de entrada para a vida da Igreja (MORAES, 2009, 151).

Nas basílicas romanas, os batistérios foram construídos em uma edificação separada da igreja, mas em harmonia e interligados com esta. As plantas dos batistérios e das piscinas batismais eram circulares, para fazer memória do crescimento da Igreja pela Terra, ou oitavadas, lembrando o "oitavo dia" da nova criação em Cristo, ou ainda quadradas, hexagonais e em formato de cruz grega. Essas piscinas batismais, construídas para favorecer a imersão (FRADE, 2007, 151), eram verdadeiras obras de arte em sua unidade simbólica para a celebrar o batismo e, ao mesmo tempo, para catequizar no sacramento. Usavam-se variados símbolos referentes ao sacramento do Batismo para ornar as paredes, frequentemente dedicados a

São João Batista. São famosos os batistérios de Ravena, Pisa e São João de Latrão (ALDAZÁBAL, 2013, 56).

Com o batismo por efusão, no Ocidente, a partir do século IX, não foi mais necessária a construção das piscinas batismais, pois, então, com o batismo de crianças, passou-se a usar as conchas batismais ou pias, em geral dentro da igreja, próximo da entrada principal (BOROBIO, 2010, 76).

O simbolismo da pia batismal é relacionado ao de um "caldeirão" das lendas celtas: o banho da purificação e do fortalecimento, o ingresso a uma dignidade nova e o nascimento de um novo ser. A pia ou fonte batismal é um símbolo de regeneração, e uma das diversas imagens que se relacionam aos ritos de passagem, à iniciação inaugurada em um mundo superior. Usualmente ela colocada sobre um pilar central, que simboliza o eixo do mundo, ou sobre quatro colunas, fazendo referência aos quatro pontos cardeais e à totalidade do universo, ou às quatro colunas que lembram os quatro evangelistas e a totalidade da revelação (CHEVALIER, 2019, 716).

Também encontramos pias ou fontes batismais em formas octogonais, significando o ingresso no oitavo dia da ressurreição (o dia depois do sábado), da nova criação, da vida eterna, a qual nos faz entrar no batismo prefigurado pela arca de Noé, na qual oito pessoas "foram salvas por meio da água" (1Pd 3,20) (CAMPATELLI, 2008, 72).

Atualmente, em muitas de nossas paróquias o espaço para o batismo foi sendo simplificado e reduzido a uma simples bacia, ou até mesmo eliminado.

2. Teologia do batismo

"Então vieram até ele Jerusalém, toda a Judeia, e toda a região circunvizinha ao Jordão. E eram por ele batizados no rio Jordão, confessando os seus pecados" (Mt 3,5-6). Assim falavam de João Batista no deserto. O batismo de João, chamado "rito de imersão", é símbolo de purificação e de renovação, conhecido nos meios essênios, no judaísmo e em suas seitas, e em outras religiões que o associavam a ritos de passagem, nascimento e morte. Mas o que distinguia o batismo de João dos outros ritos de imersão é que tinha um aspecto escatológico e moral, sem uma objetividade ritual. Em João, eram batizados aqueles que aguardavam vigilantes a vinda do Messias e que já se antecipavam a inaugurar sua comunidade (CHEVALIER, 2019, 716).

Ser batizado, para os cristãos, expressa a nossa participação e comunhão na morte e ressurreição de Jesus Cristo, como nos fala a Carta aos Romanos: "Ou não sabeis que, todos os que fomos batizados em Cristo Jesus, é na sua morte que fomos batizados?" (Rm 6,3-11). A palavra "batismo" tem origem no termo grego *baptô, baptzô*, significando, duplamente, entrar nas águas, submergir e ser sepultado com Cristo, e, depois, sair das águas, emergir, ser salvo e ressuscitar com ele, morrendo e nascendo com Cristo (BUYST, 2000, 9-10).

E o importante desse mistério é que é o próprio Cristo quem batiza. Cristo está presente, na sua Igreja, nos ministérios e na pessoa que batiza, como nos fala a *Sacrosanctum Concilium*: "Para realizar tão grande obra, Cristo está presente em sua Igreja, e especialmente nas ações litúrgicas [...]. Ele está presente pela sua virtude nos sacramentos, de tal modo que, quando alguém batiza, é o próprio Cristo quem batiza" (SC, n. 7).

O batismo na água foi escolhido pela comunidade da época apostólica como o sinal sacramental de inserção na Igreja e na comunidade do Ressuscitado. Pelo batismo, adquiria-se a salvação em Cristo, a nova vida pela água e pelo espírito, como nos fala João 3,5: "Em verdade, em verdade, te digo: quem não nascer de novo não pode ver o Reino de Deus". Nos Atos dos Apóstolos ocorrem passagens da iniciação cristã com pregações e conversão da fé, seguidas pelo batismo. A salvação é trinitária e cristocêntrica e as fórmulas nas passagens das Sagradas Escrituras revelam: "batismo em nome de Jesus Cristo" (At 10,48), "batismo em nome do Pai e do Filho e do Espírito Santo" (Mt 28,19) (ALDAZÁBAL, 2013, 54).

Existem duas formas de compreender o batismo, apoiadas no Novo Testamento: o batismo narrado como renascimento, fundamentado em João 3, o próprio batismo de Jesus no Jordão e o batismo como participação na morte de Jesus (Rm 6), segundo a interpretação de São Paulo, para ressurgir para a vida nova. No batismo como renascimento, a fonte batismal é vista como um seio materno e, no batismo como participação na morte de Jesus, é vista como um sepulcro (CAMPATELLI, 2008, 23). Essas simbologias podem até sugerir as formas escultóricas da fonte e as representações iconográficas para a capela batismal.

O batismo nos torna membros do corpo de Cristo, como nos fala a Carta aos Coríntios (12,13), e nos envia a uma missão humanitária de compromisso de mudança de vida pessoal, comunitária e social (BUYST, 2000, 9-10).

Dom Odo Casel, em uma de suas grandes obras, referindo-se às palavras de Santo Agostinho, diz que cada cristão pode ser chamado de "Cristo": "Rendamos graças e alegremo-nos com aquilo que nos tornamos, não somente cristãos, mas Cristo" (CASEL, 2009,26). E faz referência também ao que Metódio de Olimpo escreve no Banquete das dez virgens: "A Igreja é como uma mulher grávida que está sempre em trabalho, até que chega o momento em que Cristo toma forma em nós, Cristo nasce em nós, a fim de que cada um dos santos, pela participação em Cristo, torne-se Cristo" (CASEL, 2009, 26). Ele faz essas indicações para chegar ao ponto principal do tema de como seria essa participação e como nos tornaríamos membros de Cristo: "Essa participação é obra da graça e da predestinação divina"; e continua: "É sobre essa graça que repousa o princípio da primeira caminhada no caminho da salvação: a fé" (CASEL, 2009, 27). Mas, segundo ele, não é a fé que nos incorpora a Cristo, como às vezes podemos pensar, e sim o mistério do batismo, que nos incorpora ao Corpo místico de Cristo, mencionado anteriormente na Carta aos Coríntios (cf. CASEL, 2009, 26).

3. O lugar da fonte batismal nos documentos do Concílio Vaticano II

Os documentos pós-Concílio Vaticano II nos orientam e nos falam da dignidade e da nobreza do espaço sagrado.

3.1 *Sacrosanctum Concilium* – Constituição sobre a Sagrada Liturgia

A *Sacrosanctum Concilium* foi o primeiro documento aprovado e promulgado pelo Concílio Vaticano II, e, ao tratar da "Presença de Cristo na Liturgia", salienta:

> Para realizar tão grande obra, Cristo está presente em sua igreja, e especialmente nas ações litúrgicas. Está presente no sacrifício da Missa, tanto na pessoa do ministro – pois aquele que agora se oferece pelo ministério sacerdotal é o mesmo que, outrora, se ofereceu na cruz – como sobretudo nas espécies eucarísticas. Ele está presente pela sua virtude nos sacramentos, de modo que, quando alguém batiza, é o próprio Cristo que batiza. Está presente na sua palavra, pois é ele quem fala quando na Igreja se leem as Sagradas Escrituras. Está presente, por fim, quando a Igreja ora e salmodia, ele que prometeu: "Onde se acharem dois ou três reunidos em meu nome, aí estou eu no meio deles" (Mt 18,20) (SC, n. 7).

A *Sacrosanctum Concilium* (n. 7) nos fala da presença de Cristo na assembleia litúrgica reunida: na Eucaristia, que é consagrada no altar, na pessoa de quem proclama a palavra no ambão, no sacerdote que preside a assembleia litúrgica da sédia e na pessoa que batiza na fonte batismal. As peças litúrgicas, altar, ambão, sédia, foram criadas para enfatizar a presença de Cristo no espaço litúrgico, e, em especial, a fonte batismal, na capela do batismo, onde é o próprio Cristo quem realiza esse sacramento. Podemos identificar, dessa forma, a fonte batismal com o monumento do Cristo Pascal, e, em conjunto com o altar e ambão, são verdadeiramente monumentos da Páscoa do Senhor no espaço celebrativo.

A *Sacrosanctum Concilium* (n. 7) nos revela ainda a importância do sacramento do Batismo, pois é o próprio Cristo quem o faz, e, ao mesmo tempo, o quão importante é o espaço e a fonte batismal onde é executado. É fundamental e necessário ser um lugar digno desse sacramento, com beleza e nobre simplicidade, que tanto nos pede esse documento.

E, para ressaltar a importância desse documento, o Papa Francisco nos faz uma belíssima convocação em sua carta apostólica sobre a formação litúrgica do povo de Deus:

> [...] é-nos pedido redescobrir, a cada dia, a beleza da verdade da celebração cristã. Refiro-me novamente ao seu significado teológico, assim como está admiravelmente descrito no n. 7 da *Sacrosanctum Concilium*: a liturgia é o sacerdócio de Cristo entregue a nós em sua Páscoa, presente e ativo hoje por meio dos sinais sensíveis (água, óleo, pão vinho, gestos, palavras), para que o Espírito, submergindo-nos no mistério pascal, transforme toda a nossa vida, conformando-nos a Cristo cada vez mais (FRANCISCO, 2022, n. 21).

Na mesma carta, o Papa nos fala da importância de cuidar de todos os aspectos da celebração litúrgica: o espaço celebrativo, tempo, gestos, palavras, objetos, vestimentas e música (FRANCISCO, 2022, n. 23).

"Revejam-se quanto antes, quanto à digna e funcional construção das igrejas, à nobreza, à conveniência e honra do batistério" (BECKHÄUSER, 2012, 24).

3.2 Inter Oecumenici

"Na construção e decoração do batistério, faça-se grande esforço para garantir que ele claramente expresse a dignidade do sacramento do Batismo e seja um lugar bem adequado para celebrações comunitárias" (IO, n. 99).

3.3 Ritual da Iniciação Cristã de Adultos – RICA

A água para o batismo deve ser natural e limpa, seja para comprovar a veracidade do sinal, seja por motivo de higiene [...] e poderá ser aquecida (RICA, n. 18).

Se o batistério está construído para jorrar a água, seja abençoada a fonte jorrando água (RICA, n. 21).

A fonte do batistério e, conforme o caso, também o recipiente que contém a água para a celebração que se realizará no presbitério apresente-se limpos e belos (RICA, n. 19).

O batistério, seja situado em alguma capela, dentro ou fora do recinto da igreja, ou em outra parte da igreja, à vista dos fiéis, deve ter tal amplitude que possa conter o maior número de pessoas presentes (RICA, n. 25).

"Estão devidamente autorizados tanto o rito de imersão, que demonstra mais claramente a participação na morte e ressurreição de Cristo, como o rito de infusão" (RICA, n. 22).

"Na celebração do batismo, as partes do rito, que forem executadas fora do batistério, poderão realizar-se em diversos lugares da igreja" (RICA, n.26).

3.4 Ritual de Bênçãos

Dado que o batismo é o princípio de toda a vida cristã, todas as igrejas catedrais e paroquiais devem ter o seu batistério ou lugar onde está colocada a pia batismal. Também nas outras igrejas ou oratórios se pode erigir um batistério ou colocar a pia batismal (RITUAL, n. 833).

O batistério separado do recinto da igreja precisa ser digno do mistério que aí se celebra e ser reservado ao batismo, como convém a um lugar que é o seio da Igreja, onde nascem os homens pela água e pelo Espírito Santo (RITUAL, n. 836).

A fonte batismal, principalmente no batistério, deve ser fixa, sempre construída com arte e com material adequado (RITUAL, n. 837).

Na oração da bênção da nova fonte batismal, afirma-se: "Aqui se abre a porta da vida do Espírito, que é a porta da vida da Igreja para aqueles a que se fechara a porta do paraíso" (RITUAL, n. 853).

3.5 Guia Litúrgico Pastoral – CNBB

O lugar da fonte batismal deve ser pensado em conjunto com outros espaços, manter sempre a conexão com o espaço da celebração eucarística, mas não colocado no presbitério.

O costume de colocar a fonte batismal próxima da entrada também é válido, contanto que favoreça a participação da comunidade e não sejam dificultados os deslocamentos necessários durante o rito.

Encerrado o tempo da Páscoa, é conveniente conservar-se o círio pascal em lugar de honra dentro do batistério.

Valorizar também os santos óleos (GUIA, 2017, 127).

Os documentos pós-conciliares nos direcionam a pensar que o primeiro lugar da celebração do batismo é a comunidade cristã. O batismo é obra de Deus e da *Ecclesia Mater*, que concebe e alimenta seu batizado, e para isso é necessário compromisso da comunidade inteira, presença de todos. É sacramento que faz crescer a Igreja, é a porta de entrada e compromisso dos pais e de toda comunidade no crescimento na fé (BOROBIO, 2010, 83).

4. Os batistérios em nossas comunidades de hoje

Atualmente, em muitas igrejas, temos visto a localização da fonte batismal de várias formas. Uma delas é próximo da entrada principal, podendo ser em uma capela ou em um local reservado, próximo à porta de entrada. Esse simbolismo reflete bem o sentido do sacramento do Batismo, pois, para fazer parte da comunidade, e participar da liturgia, é necessário atravessar às águas do renascimento em Cristo e no Espírito. É uma bela lembrança também, pois, todas as vezes que entrarmos na igreja, recordamos nosso santo batismo, nossa iniciação na vida cristã. Essa fonte pode estar sempre com água para que a comunidade faça o sinal da cruz ao entrar na igreja.

Os espaços deveriam falar por si só, principalmente o lugar ou capela do batismo, devido à riqueza simbólica de sinais que esse sacramento possui. Mas, infelizmente, muitas vezes, isso não acontece em nossas igrejas. O pensamento ocidental é de que a palavra e o discurso podem substituir os símbolos, mas os sentidos no espaço sagrado, aquilo que vemos, admiramos, sentimos e tocamos, nos unem ao mistério celebrado; é um conjunto de sentimentos... que, em harmonia com a liturgia, nos faz mais próximos e participantes do sacramento do Batismo.

Devemos lembrar que no Batismo há um mistério a ser expresso: o batismo é um ato eclesial comunitário, a porta de entrada para a Igreja, a fonte de água viva, a passagem da morte para vida em Cristo, participação na vida de Deus, morte e vitória sobre o pecado e o primeiro passo da iniciação. Para isso, requer projetar com todo cuidado o espaço batismal, para que seja realizado tão grande sacramento, pois a beleza e a arte também evangelizam em conjunto com a liturgia.

Pensando no batismo como porta de entrada, a fonte pode se localizar no eixo da porta de entrada, com o caminho das procissões e altar, refletindo bem o caminho, a passagem e a entrada do neófito na Igreja.

É preciso que o espaço do batismo seja iluminado, amplo, para a celebração comunitária, com afrescos ou mosaicos que nos recordam os símbolos batismais, como, por exemplo, o batismo de Jesus no rio Jordão, o Bom Pastor, rios do paraíso, ícone de Cristo ou da Virgem Maria, ou de Cristo saindo do sepulcro.

Em outros casos, a fonte se localiza de uma forma mais visível para a comunidade, mais à frente, próxima ao presbitério, para facilitar a participação da comunidade na acolhida e iniciação de seus novos membros (BUYST, 2002, 127). Neste caso, o projeto deverá ter o cuidado de distingui-lo do lugar da celebração (BOROBIO, 2010, 81-82).

E não podemos esquecer a presença do círio pascal ao lado da pia batismal, símbolo de Cristo ressuscitado, que deverá estar aceso para que os novos batizados possam acender suas velas (ALDAZÁBAL, 2013, 82).

O autor Francisco Figueiredo nos recorda de uma orientação do Ritual de Bênçãos sobre a localização do lugar do batismo: "Deve estar disposto de tal modo que fique bem clara a conexão do batismo com a Palavra de Deus e com a Eucaristia". E ainda cita Basílio de Cesareia:

> A fé e o batismo são meios da salvação e estão unidos um ao outro de forma indissociável. Porque, se a fé encontra sua perfeição no batismo, o batismo por sua vez, se funda sobre a fé. Os dois recebem sua perfeição dos mesmos atributos divinos... A profissão de fé que conduz a salvação vem primeiro, e o batismo que sela nossa adesão vem depois.

O vínculo espacial entre os três monumentos pascais no espaço da igreja, altar, ambão e fonte batismal, devem recordar sempre a unidade entre eles (MORAES, 2009, 153).

4.1 A capela do batismo da Catedral de Colatina

"Aqui se abre a porta da vida do Espírito, que é a porta da vida da Igreja para aqueles a que se fechara a porta do paraíso" (CCDDS,

1990, 317). O batismo é o primeiro sacramento da vida do cristão, e, como o Ritual já nos fala, ele é a porta de entrada para a vida espiritual na Igreja.

Também o Catecismo da Igreja Católica nos dá a mesma indicação, "Com efeito, os sacramentos, e sobretudo o batismo, que é a porta pela qual se entra na Igreja, são igualmente vínculos sagrados que os unem a todos e os incorporam a Jesus Cristo" (CIC, n. 950). Seguindo essa orientação simbólica, no projeto de adequação litúrgica da catedral, a capela ocupou o lugar de acolhida, o mais próximo da porta de entrada da igreja.

Para o projeto foi pensada uma capela em unidade com a palavra e a Eucaristia, aberta para a nave da igreja, visível por toda a assembleia litúrgica, Corpo de Cristo, e integrada ao conjunto arquitetônico, para que a comunidade possa acolher seus novos membros, como nos inspira a bênção da fonte batismal: "Não importa a diversidade de suas origens e condições, pois um só é o banho de vida que os irmana; que o amor, Senhor, revele os irmãos e a concórdia faça conhecer os concidadãos" (CCDDS, 1990, 317).

Criou-se uma arquitetura e iconografia próprias do batismo, evidenciando, e sem descaracterizá-la, a pia batismal, original da década de 1950 e projetada pelo arquiteto paulista Benedito Calixto.

Para o piso foi pensado um desenho bem orgânico, contemporâneo, diferenciando-se do *design* elaborado e antigo da pia, que marca épocas e faz referência às águas do batismo de Cristo e aos tempos apostólicos dos batismos por imersão no rio Jordão, cujas águas não são quaisquer águas, segundo Santo Inácio de Antioquia: Cristo foi batizado ali para que suas águas fossem purificadas. Assim, os temas e estudos sobre o assunto referem que o Senhor foi ao Jordão não porque era necessário, mas para santificar e purificar as águas com o seu batismo. O Jordão, então, são todas as águas da Terra. Com esse acontecimento, Cristo potencializa as águas para regeneração do ser humano (CAMPATELLI, 2008, 99).

A iconografia escolhida para a pintura parietal foi do batismo de Jesus, emoldurada dentro de um arco pleno que se harmoniza com a arquitetura da catedral. Na capela batismal, foi contemplado o lugar dos santos óleos, com nicho próprio dentro do painel de madeira, e do círio pascal, como nos orientam os documentos da Igreja. A capela batismal é o lugar do círio pascal após o tempo da Páscoa, memória do batismo como iluminação (MORAES, 2009, 154). A capela do batismo, próxima à porta da igreja, nos acolhe como cristãos, membros do Corpo de Cristo, e nos traz a recordação do nosso santo batismo e de nossa condição de filhos de Deus: "Sejam filhos que refletem a imagem da bondade paterna, discípulos que guardam fielmente a palavra

Figura 1 – Capela Batismal da Catedral de Colatina – ES.
Foto: Tatiana Paula Pezzin

do Mestre, moradas que ressoam a vós do Espírito Santo" (CCDDS, 1990, 317). E também nos convida e convoca, em fidelidade ao projeto do Pai e ao seguimento de Cristo, a sermos evangelizadores e anunciadores da Boa Notícia: "Sejam testemunhas do Evangelho, cultores da justiça; espalhem o espírito de Cristo pela cidade temporal que habitam, até o dia em que mereçam ser admitidos como cidadãos da Jerusalém eterna" (CCDDS, 1990, 317).

4.2 A fonte batismal da Catedral de Castanhal

O batistério dessa catedral tem o formato de cruz e duas escadas, um para descer e outra para subir, com sete degraus cada.

"Cristo morreu crucificado e a cruz é a manifestação maior do mistério do amor de Deus, que chega a entregar seu filho nas mãos dos homens" (VERZELETTI, 2020, 83).

"Descendo nas águas do batismo, somos despojados do homem velho com seus pecados" (VERZELETTI, 2020, 83). Do mesmo modo, para acessar a fonte do batistério dessa catedral, descemos sete degraus, onde em cada um deles está escrito um dos sete pecados capitais – soberba, avareza, gula, inveja, ira, luxúria, preguiça; e, para sair dali, subimos a outra escada, em que em cada degrau está escrito um dos sete dons do Espírito Santo – temor de Deus, piedade, fortaleza, conselho, ciência, inteligência e sabedoria.

> Como Jesus ao entrar nas águas do Jordão começou sua descida aos infernos e a sua luta contra a morte, assim também nós descemos nas profundidades mortíferas, descemos no túmulo, na escura morada dos infernos, e de lá, libertados pelo poder de Deus dos laços do demônio, podemos sair desse mar da morte. [...] E depois subimos o outro lado da fonte. Purificados, regenerados e renovados, como homens novos, novas criaturas, divinizados e salvos (cf. Mt 14,30-33) (VERZELETTI, 2020, 83).

Por isso, os sete dons e os sete pecados estão marcados no piso.

Figura 2 – Piscina batismal da Catedral de Castanhal – PA.
Foto: Kátia Pezzin

5. A fonte batismal como memória do nosso batismo

Como memória, muitos ainda guardam as vestes, a vela ou a toalha do próprio batismo, assim como belas fotos de recordação e lembrancinhas da paróquia. Mas, para outros, reencontrar-se com a fonte ou pia batismal tem um significado marcante nessas lembranças. A fonte como monumento pascal deve dignificar essa lembrança, fazendo dela uma real memória, tanto para o batizado como para a vida em comunidade. Ao entrarmos na igreja onde fomos batizados, podemos recordar o nosso santo batismo por meio dos sinais sensíveis: a fonte batismal, a capela ornada decorosamente com os sinais sacramentais e a própria presença viva da comunidade de fé. Isso tudo nos traz a memória desse grande sacramento (MORAES, 2009, 150). Para isso é fundamental projetar com todo cuidado, arte, beleza e nobre simplicidade o espaço batismal, a fim de que seja realizado tão grande sacramento, pois a beleza e a arte também evangelizam em conjunto com a liturgia.

Figura 3 – Capela batismal da Catedral de Vitória – ES.
Foto: Kátia Pezzin

E a função da arte é, com formas e cores, falar do invisível, evangelizar por meio das paredes da igreja, assim como da capela do batismo. A arte litúrgica é a manifestação da vida, e não é qualquer vida, é a vida em Cristo, uma vida segundo o Evangelho (RUPNIK, 2022, 156).

Portanto, o espaço do batismo precisa comunicar, catequizar e ser anúncio dessa vida nova, com Cristo ressuscitado, mediante a arte litúrgica e a arquitetura do espaço. A capela do batismo deve ser acolhedora e reveladora desse grande mistério.

Referências

ALDAZÁBAL, José. *Vocabulário básico de liturgia*. São Paulo: Paulinas, ¹2013.

BECKHÄUSER, Albert. *Sacrosanctum Concilium. Texto e comentário*. São Paulo: Paulinas, ¹2012.

BÍBLIA DE JERUSALÉM. São Paulo: Paulus, 2002.

BOROBIO, Dionísio. *A dimensão estética da liturgia. Arte sagrada e espaços para a celebração*. São Paulo: Paulus, ¹2010.

BUYST, Ione. *Celebrar com símbolos*. São Paulo: Paulinas, ²2002.

_____. *Símbolos na liturgia*. São Paulo: Paulinas, ³2000.

CAMPATELLI, Maria. *O Batismo, cada dia às fontes da vida nova*. São Paulo: EDUSC, ¹2008.

CASEL, Odo. *O mistério do culto no cristianismo*. São Paulo: Loyola, ²2009.

CATECISMO DA IGREJA CATÓLICA. São Paulo: Loyola, ⁹1999.

CHEVALIER, Jean. *Dicionário de Símbolos*. Rio de Janeiro: José Olympio, ³³2019.

CONCILIUM OECUMENICUM VATICANUM II. Constituição Conciliar *Sacrosanctum Concilium. Sobre a sagrada liturgia*. AAS 56 (1964), 97-134.

CONGREGAÇÃO PARA O CULTO DIVINO E A DISCIPLINA DOS SACRAMENTOS (CCDDS). *Ritual da Iniciação Cristã de Adultos*. São Paulo: Paulus, 2001.

_____. *Ritual de Bênçãos*. São Paulo: Paulus, ³1990.

FRADE, Gabriel. *Arquitetura Sagrada no Brasil. Sua evolução até as vésperas do Concílio Vaticano II*. São Paulo: Loyola, ¹2007.

FRANCISCO. *Carta Apostólica Desiderio Desideravi. Sobre a formação litúrgica do povo de Deus*. São Paulo: Paulinas, 2022.

GUIA LITÚRGICO-PASTORAL. Brasília: CNBB, ³2017.

MORAES, Francisco Figueiredo. *O espaço do culto à imagem da Igreja*. São Paulo: Loyola, ¹2009.

RUPNIK, Marko Ivan, SJ. *Caminhos para a libertação*. São Paulo: Santuário, ¹2022.

SAGRADA CONGREGAÇÃO DOS RITOS. Instrução *Inter Oecumenici*. *AAS* 66 (1964), 877-900.

VERZELETTI, Carlos. *A Catedral de Castanhal*. Brasília: CNBB, 2020.

O papel da comunidade eclesial no processo de iniciação cristã, segundo o Ritual da Iniciação Cristã de Adultos (RICA)

Creômenes Tenório Maciel, SJ[1]

Introdução

O título do presente estudo é, na verdade, um programa que, além de indicar a conclusão, apresenta o caminho até ela. Percorrer o atual ritual de iniciação cristã de adultos (doravante RICA), especialmente sua introdução (doravante int. RICA), buscando, por meio de sua leitura e de sua interpretação, compreender o papel da comunidade/Igreja, é o que se pretende. As dificuldades nesse exercício se encontram na forma como a comunidade é apresentada em diferentes partes do ritual pelas múltiplas imagens: simplesmente como comunidade de fiéis, mas também como Igreja, ou mesmo por meio das funções pastorais e dos ministérios litúrgicos. Para além dessas formas explícitas, a realidade comunitária no processo catecumenal deve se exprimir por outras figuras que externem a realidade eclesial

---

1. *Creômenes Tenório Maciel, SJ* é presbítero jesuíta. Doutor em Teologia pelo Institut Catholique de Paris/ECP (2020) e em Ciências da Religião pela Universidade Católica de Pernambuco/UNICAP (2020). Professor de Teologia (liturgia e sacramentos) na Universidade Católica de Pernambuco.

no contexto da iniciação cristã. Por essa razão, a fecundidade, a maternidade, a filiação, a geração etc. fazem parte do vocabulário oriundo do tesouro das Escrituras e da patrística, que funcionam como tipos auxiliares nesse esforço hermenêutico da proposta catequético-litúrgica do RICA. Logo, essas imagens auxiliarão a delinear com maior precisão a complexidade da pastoralidade, sua interação e sua contribuição direta ou indireta no processo de iniciação cristã, contribuindo assim com a reflexão teológica sobre a comunidade no processo de iniciação cristã de adultos, segundo a proposta do RICA.

1. Contextualização e problemática

No atual contexto eclesial, eivado do implacável individualismo que atinge nossa sociedade, parece não ser conatural pensar na iniciação cristã sem levar em consideração a comunidade de fé que acolhe o catecúmeno. Quando a fé se torna parte dos assuntos de foro íntimo, as escolhas que faço nessa matéria dependem exclusivamente de mim. Ora, quando se trata de relações sociais e institucionais, a resposta parece não ser tão simples.

No contexto da tradição eclesial, o processo catecumenal surge atrelado e inspirado a um dos mandamentos do Senhor (cf. Mt 29,19) e se desenvolve como uma resposta pastoral à necessidade de introduzir novos membros na comunidade cristã local. Daí decorre o caráter formativo que esse modo de fazer nascer novos filhos de Deus irá assumir ao longo dos séculos.

Diante de uma sociedade ainda não cristianizada, o pedido do Senhor para que todos fossem batizados e acolhessem a boa-nova (cf. Mc 16,15) encontrava sentido pleno. A dinâmica evangelizadora acabava por ser estruturante do modo de ser da Igreja. Aproveitando uma expressão cara ao Papa Francisco, e que marca o início de seu pontificado, é possível afirmar, sem riscos de anacronismos, que o ser da Igreja é ser "Igreja em saída".

A Igreja "em saída" é a comunidade de discípulos missionários que "primeireiam", que se envolvem, que acompanham, que frutificam e festejam. *Primeireiam* – desculpai o neologismo –, tomam a iniciativa! A comunidade missionária experimenta que o Senhor tomou a iniciativa, precedeu-a no amor (cf. 1Jo 4,10), e, por isso, ela sabe ir à frente, sabe tomar a iniciativa sem medo, ir ao encontro, procurar os afastados e chegar às encruzilhadas dos caminhos para convidar os excluídos (FRANCISCO, 2013, n. 24).

Essa atitude fundamental da saída configurada pelo "ide" evangélico se apresenta como estruturante em matéria de eclesialidade, sendo parte do germe cristão da realidade eclesial. E, para além disso, ao modo do Papa Francisco, poderíamos ainda afirmar que não se trata unicamente de algo que marca o cristianismo, mas de algo que compõe a identidade do povo de Deus, marcado por uma história peregrina e que é fundamentalmente peregrino desde Abraão (cf. FRANCISCO, 2013, n. 20). Peregrinar implica uma caminhada em vista de um objetivo. No jogo tipológico-cristão, construído sobre a trama bíblica como em uma pintura sobreposta à outra, as figuras são relidas.

Como Abraão, os cristãos também serão peregrinos, caminhantes, porém a sua pátria não está nem aqui nem acolá: "Os fariseus perguntavam um dia a Jesus quando viria o Reino de Deus. Respondeu-lhes: 'O Reino de Deus não virá de um modo ostensivo. Nem se dirá: ei-lo aqui; ou: ei-lo ali. Pois o Reino de Deus já está no meio de vós'" (Lc 17,20-21). Ter terra, uma pátria, se situa no horizonte da promessa. E essa realidade será reinterpretada pelo cristianismo, para o qual a verdadeira pátria não se situa definitivamente em um tempo ou espaço, mas em uma comunidade real e temporal e simultaneamente espiritual e atemporal. Na perspectiva cristã, ela trespassa toda a existência humana como algo já dado, porém em via de realização, aguardando que Cristo seja tudo em todos (cf. Cl 3,11).

Como Abraão, uma descendência é prometida aos cristãos. Porém não se trata de uma descendência biológica seguida de um sinal circunscrito na carne. O selo cristão, o amor fraterno, será colocado coração (cf. Ct 8,6). E, uma vez que o meio cristão de participação nessa promessa se dá pelos laços de irmandade gerados pela filiação batismal (cf. SANTO AGOSTINHO, 2020, 118), a caminhada para as fontes da vida cristã será uma das mais importantes e estruturantes da identidade para alguém que deseja integrar a comunidade de fiéis.

Ainda como Abraão, não se trata de um processo individual: a narrativa da peregrinação de Abraão é a narrativa da história de um povo que se constitui como tal peregrinando; povo que vive e que segue uma promessa; história da relação de um povo com seu Deus. O cristianismo se enxertará nessa mesma história, mas ao seu modo. Os cristãos assumirão a identidade de povo de Deus, que é ao mesmo tempo Corpo de Cristo e templo do Espírito Santo (LG, n. 17); porém um povo que se constitui não por meio da circuncisão na carne (cf. Gn 17,10), nem pela libertação da escravidão no Egito e pela passagem através do mar Vermelho a pé enxuto (Ex 14,16-22). A fonte que brota no deserto (cf. Nm 20,7-12), que dá vida aos filhos de Deus, não são mais as águas de Meriba: no batismo, os novos filhos no Filho são criados[2].

---

2. Sobre a passagem da figura à realidade, do tipo bíblico à vida sacramental, ver: SÃO CIRILO DE JERUSALÉM, Catequese 3. Sobre o batismo, in: id., *Catequeses pré-batismais*, Petrópolis, Vozes, 2022, 86-87; Primeira catequese mistagógica aos recém-iluminados, n. 2-3, in: id., *Catequeses mistagógicas*, Petrópolis, Vozes, 2020, 32-33.

2. Gerados na Igreja e para a Igreja

Sob o impulso de *Sacrosanctum Concilium* (n. 64-65)[3], o processo de restauração do catecumenato de adultos se inicia em setembro de 1964, com a primeira reunião do grupo responsável, que em um pouco mais de um ano depois conseguiu apresentar ao *Concilium* um primeiro esquema. Passados oito anos de trabalhos, depois da devida aprovação, foi publicado em janeiro de 1972 o *Ordo initiationis christianae adultorum*, segundo atesta Annibale Bugnini (2018, 489-494). Chama atenção a forma com que Bugnini coloca em evidência o papel da comunidade cristã e de seus ministros no seu relato sobre a *Praenotanda* do RICA:

> O primeiro responsável é o bispo ou um seu delegado. A seguir, vêm os sacerdotes, os diáconos, os catequistas, o padrinho e os responsáveis diretos pelos catecúmenos, isto é, aqueles que respondem por eles, que garantem sua preparação. Uma parte importante e insubstituível tem igualmente a comunidade cristã, que participa de modo ativo nas celebrações, interessa-se por eles e juntamente com eles, faz um esforço de conversão e de renovação (BUGNINI, 2018, 494).

De acordo com a leitura deste trecho do trabalho prévio à elaboração do RICA, como indica o processo de reforma e restauração do catecumenato, "pela primeira vez, depois de séculos, a comunidade cristã e os fiéis são levados em consideração" (NOCENT et al.,

---

3. SC, n. 64: "Restaure-se o catecumenato dos adultos, com vários graus, a praticar segundo o critério do Ordinário do lugar, de modo que se possa dar a conveniente instrução a que se destina o catecumenato e santificar este tempo por meio de ritos sagrados que se hão de celebrar em ocasiões sucessivas".

SC, n. 65: "Seja lícito admitir nas terras de Missão, ao lado dos elementos próprios da tradição cristã, os elementos de iniciação usados por cada um desses povos, à medida que puderem integrar-se no rito cristão, segundo os art. 37-40 desta Constituição".

1989, 75). A comunidade/Igreja parece ser concebida como mãe e o processo catecumenal se apresentará como um verdadeiro "trabalho de parto": da mesma forma que a criação, ela sente as dores para dar à luz (cf. Rm 8,22-23) e, ao mesmo tempo, se transforma e cresce nesse processo. Depois do parto, seu corpo não será mais o mesmo. Uma transformação irreversível aconteceu. O corpo cresceu, expandiu-se. Assim como a cada parto a mãe transforma o seu olhar, aguça seus ouvidos (os cuidados com o recém-nascido o exigem), redimensiona seu horizonte e adquire novas obrigações, o mesmo acontece na nova vida que surge do seio da *mater Ecclesia* (cf. SACRA CONGREGATIO PRO CULTU DIVINO, 1970, 355). A realidade se transforma, e a nova vida que veio à luz também surge como uma nova luz no seio da mãe Igreja. Ela ilumina e se ilumina. Ela revive sua vocação materna primordial, ao mesmo tempo que a revisita. A gravidez se apresenta, desse modo, como a imagem mais adequada para compreender o lugar da comunidade no processo catecumenal.

É verdade que nenhum trecho da *Praenotanda* do RICA irá tratar explicitamente da comunidade cristã ou da Igreja como *Matrix*. Logo, é necessário um justo esforço hermenêutico para compreender, a partir do dinamismo desse ritual, o papel da comunidade como mãe no processo de iniciação.

3. A presença da comunidade/Igreja desde os primeiros passos da iniciação cristã

A Igreja é mencionada na introdução ao Rito da Iniciação Cristã de Adultos desde os primeiros números (2 e 3). Trata-se de uma apresentação das raízes rituais na tradição eclesial desde a antiguidade e sua restauração segundo o apelo feito pelo Vaticano II[4],

---

4. Cf. SC 64-66 e o decreto sobre a atividade missionária da Igreja, *Ad Gentes* 14.

e de uma introdução ao modo como esse ritual deve ser aplicado nas igrejas locais. Preliminarmente, salta aos olhos uma pragmática que visa à aplicação desse ritual. Essas orientações decorrem da urgente necessidade pastoral e encontram fundamento em uma autêntica transmissão do depósito da fé desde os primórdios do cristianismo até os dias atuais. Quando, ao lado do caráter iniciático, essa introdução coloca o caráter missionário, percebe-se uma "genética" da eclesialidade em que o "anúncio do mistério de Cristo" (Int. RICA, 1), sob a força do Espírito e por meio de um processo de conversão, é gerador de vida nova. Em seguida, o n. 4 dessa introdução reforça a identidade da comunidade cristã como lugar de gestação. É verdade que a tradução brasileira ajuda nesse processo de identificação:

> A iniciação dos catecúmenos processa-se gradativamente no seio da comunidade dos fiéis que, refletindo com os catecúmenos sobre a excelência do mistério pascal e renovando sua própria conversão, os conduzem pelo seu exemplo a obedecer com maior generosidade aos apelos do Espírito Santo[5].

Observa-se que a tradução brasileira não se desvia do eixo, mas o acentua. Coloca-se em relevo a dimensão feminina da comunidade, em cujo seio os catecúmenos são gerados. O mistério pascal aparece como a *dynamis* transformadora tanto da comunidade, que se torna o que ela é, i. e., mãe, como dos catecúmenos, que se tornam filhos. É como se, da cruz, o Cristo mais uma vez dissesse àquela que gestou "seu corpo" como um dom para a vida do mundo: "Mulher,

---

5. SACRA CONGREGATIO PRO CULTU DIVINO, *Ordo initiationis christianae adultorum*, Praenotanda 4, 7: "Initiatio catechumenorum fit progressione quadam in medio communitatis fidelium qui, una cum catechumenis pretium mysterii paschalis considerantes et propriam conversionem renovantes, exemplo suo inducunt eos ad liberalius Spiritui Sancto obsequendum".

eis teu filho"; e falasse para seus discípulos amados, que estão para nascer de seu lado aberto pela lança: "Eis tua mãe" (Jo 19,26-27).

3.1 A vocação da comunidade ao longo do processo catecumenal

No processo catecumenal, renova-se o chamado fundamental da comunidade: a cada gestão a mulher-comunidade/Igreja será mãe de modo singular e irrepetível. E, por isso, a conversão se torna um apelo de revisita e de renovação de sua vocação primária. Se é verdade que caminhar se aprende caminhando, também é verdade que o caminho "se faz" na caminhada. Nisso consiste a interação preconizada no n. 5 da introdução do RICA. De um lado, os catecúmenos são pessoas completas e livres que desejam nascer de novo (cf. Jo 3,7). E, se a comunidade é a mãe, ela também acaba por ser ao mesmo tempo genitora e parteira: todo processo é feito nela e por ela. E ainda mais: esse processo é por ela acompanhado e concluído. E como se dá isso? Por meio das pessoas nele envolvidas: elas são membros do corpo de Cristo e, ao mesmo tempo, formam a Igreja/comunidade. Por isso pode-se afirmar que a comunidade é para o catecúmeno uma mestra, pedagoga, que acompanha seu crescimento, o que a faz simultaneamente sua companheira de caminhada.

A partir dessa mesma premissa, torna-se possível afirmar que o dinamismo comunitário que constitui o percurso catecumenal é verdadeiramente fruto da comunhão que fecunda a sinodalidade no seio da comunidade. Enquanto realidade cara à vida eclesial desde o princípio do cristianismo, o caminhar e discernir juntos o que é fundamental para vida da Igreja, a sinodalidade se exprime ao mesmo tempo de modo difuso e preciso no processo de iniciação cristã. A mesma comunidade que acolhe e forma deve dizer se o candidato pode ou não ingressar no catecumenato.

3.2 A comunidade vive e celebra a iniciação

A comunidade segue os passos dos catecúmenos nas etapas (cf. Int. RICA, 6) e nos tempos (cf. Int. RICA, 7), seja por meio dos diversos ministérios (diáconos, catequistas etc.) ordenados ou não, no dia a dia do processo formativo, seja pela presença de um grande número de membros nos momentos celebrativos que marcam a caminhada catecumenal[6]. Desse modo, ela contribui direta e positivamente no processo de introdução e de educação na fé cristã, seja pelo ensinamento, seja pelo testemunho, seja pela vida litúrgica. Sobre isso afirma Luigi Girardi:

> O que chama a atenção nesse rito é o envolvimento crescente e qualificado de toda a comunidade cristã, por meio de um rico ministério – testemunhas da fé, catequistas, introdutores, padrinhos, pequenos grupos de fiéis, diáconos, presbíteros, bispo – e em vista de uma caminhada de conversão evangélica que está se tornando cada vez mais compartilhada por todos (apud GRILLO, 2000, 159. Tradução nossa).

É verdade que os ritos litúrgicos ocupam lugar singular durante a iniciação cristã dos adultos. Eles são marcadores temporais qualitativos e ao mesmo tempo desempenham uma função pascal no processo; são portas por onde os catecúmenos passam e avançam: desde a instituição dos catecúmenos, passando pela eleição, até a chegarem à celebração dos sacramentos (cf. Int. RICA, 6), a comunidade celebrante deve se fazer presente. Igualmente, nos diversos tempos, muitos ritos estão previstos, desde antes do ingresso na ordem dos

---

6. Sobre o ministério dos catequistas na antiguidade cristã, ver: HIPÓLITO DE ROMA, *A tradição apostólica de Hipólito de Roma. Liturgia e catequese em Roma no século III*, Petrópolis, Vozes, 2019, 85: "O catequista, após a prece, imporá a mão sobre os catecúmenos, rezará e os dispensará; quer seja um clérigo ou um leigo, o que prega a doutrina assim o fará".

catecúmenos até a conclusão de todo o processo, com o tempo da mistagogia, quando, depois de purificados e iluminados, a integração na comunidade dos fiéis se aprofunda e concretiza (cf. Int. RICA, 7). Junto com os candidatos, com os catecúmenos e com os neófitos, a comunidade celebra a iniciação cristã. Com eles, na liturgia, revive o desejo de seguir Jesus, revisita às fontes da fé, abre-se à conversão e à mudança de vida. Logo, a comunidade também assume a posição de testemunha qualificada do processo pascal de iniciação cristã, e seu objetivo não é outro senão proporcionar aos catecúmenos "a primeira participação sacramental na morte e ressurreição de Cristo" (Int. RICA, 8).

4. A entrada na comunidadade: a liturgia como marcador simbólico-celebrativo

Nesse tempo que precede o ingresso na ordem do catecumenato, aos olhos do simpatizante, a imagem da comunidade/Igreja é geralmente imprecisa ou idealizada. Pode haver desconfianças e prejulgamentos ou uma empolgação indiscreta. Mesmo sendo breve, o pré-catecumenato deve ajudar na compreensão que Igreja é uma comunidade humana, embora tenha uma vocação divina. Ela vive na tensão escatológica do "agora" e do "ainda não", tão bem retratada por Paulo em suas epístolas. Assim, ela não é perfeita! Ela é antes de tudo chamada a santidade no seguimento de Cristo, pela graça do Espírito Santo (cf. Int. RICA, 9). É isso que ela é chamada a testemunhar.

A relação da comunidade com seu Mestre e Senhor, com seu dinamismo, tensões e frutos, deve emergir para os simpatizantes como uma forma de vida, nutrida pela Palavra e pela Eucaristia, e traduzida na prática do amor fraterno universal. Por conseguinte, nesse tempo consagrado a acolhida é primordialmente tempo de evangelização (cf. Int. RICA, 10). O anúncio da Boa-Nova por meio do testemunho pautado na Palavra deve permear as atitudes de todos os envolvidos:

missionários, evangelizadores, pregadores, catequistas, introdutores etc. Essas pessoas serão o rosto concreto, imagem primeira da comunidade para os simpatizantes (cf. Int. RICA, 11).

Emerge como marcador simbólico-celebrativo do acolhimento eclesial um "rito" que se realiza em um encontro da comunidade. A celebração de entrada no catecumenato é atestada ao menos desde o final do século IV (cf. CABIÉ, 1984, 33). O RICA indica que, "depois de um tempo suficiente de relacionamento e amizade", o "simpatizante é saudado e recebido, com palavras espontâneas, pelo sacerdote ou algum membro designado pela comunidade" (Int. RICA, 12, 3). Essa primeira acolhida implica uma apresentação de mão dupla: do simpatizante à comunidade, da comunidade ao simpatizante. Nesse ínterim, a liturgia e a vida se encontram formando o *ethos* catecumenal desde o início do processo de iniciação. De fato, o que é próprio da eclesialidade deve ser apresentado ao simpatizante como eixo central do *modus vivendi in ecclesia*. Por conseguinte, orações da Igreja pelos simpatizantes, assim como também todas as ações rituais ao longo do processo de iniciação cristã, vão além da função de marcadores temporais qualitativos: elas compõem o processo introdutório (cf. Int. RICA, 13) na sua integralidade, dando-lhe consistência e forma.

5. A comunidade como lugar teológico por excelência no processo catecumenal

No processo de introdução à vida cristã, a comunidade ocupa mais de um lugar simbólico. Como é próprio da iniciação ingressar alguém em uma instituição ou fazer passar de uma fase a outra da vida, sem que esses elementos se excluam, a comunidade se coloca nesse processo como uma "porta".

Por sua natureza própria, a porta é um lugar de passagem. E aqueles que abraçam o ideal de vida cristã necessitam passar por essa porta. Logo, o simpatizante deveria ser admitido pela comunidade.

Portanto, é necessário um rito de instituição dos catecúmenos (cf. Int. RICA, 14) que marque o novo estado de vida. A marca fundamental desse momento ritual se exprime pela palavra "desejo". Não se trata, porém, de um desejo abstrato, mas sim do desejo de viver uma relação de amor e seguimento do Ressuscitado em comunidade eclesial. Desse modo, o desejo de relacionar-se é transformador, pascalizante, e atinge os catecúmenos e a Igreja. Trata-se de uma relação verdadeira que leva a comer do mesmo prato, da mesma comida. Uma autêntica fraternidade. Em razão disso, a Eucaristia é o ponto culminante. Se entre irmãos existe exclusão, se não comem na mesma mesa, não há irmandade (cf. Lc 16,20ss). Sendo assim, a comunidade se esforça por fazer comungar todos os que manifestam esse desejo, todos que querem se saciar na mesa da partilha. No fundo, trata-se do desejo de Cristo de fazer uma refeição com os seus (cf. Lc 22,15; Jo 21,24). O que move a comunidade à promoção do processo catecumenal que conduz a comunhão é o mandamento do Senhor: "Que todos sejam um" (Jo 17,21). E não existe unidade sem comunhão. Assim, a comunidade deve ser para o catecúmeno porta da unidade, da fraternidade e da partilha (cf. At 4,34-35).

5.1 A liturgia como sinal da ação ressuscitante do catecumenato

Em toda caminhada catecumenal, sem exclusão da relação pessoal entre o catecúmeno e Deus, a comunidade está presente e manifesta, por sua vez, a presença de Deus, por meio da Igreja, para o catecúmeno. A liturgia é o lugar privilegiado da teofania eclesial, pois, na celebração, a comunidade repete as atitudes de seu Mestre e Senhor, continuando assim a formação de um novo e constante discipulado. A fé é proposta e se manifesta na liturgia e a liturgia celebra e fecunda a fé na vida da comunidade dos que se dispõem a fazer o caminho da iniciação cristã (cf. PRÉTOT, 1998, 85ss). Por isso, findo o período pré-catecumenal, com uma celebração, os simpatizantes que já passaram por um processo de aproximação evangelizadora, com a aquisição de "rudimentos da vida espiritual e os fundamentos da doutrina cristã" (Int. RICA, 15), depois de uma deliberação eclesial (cf. Int. RICA, 16), serão elevados à condição de catecúmenos pela mesma comunidade que os acompanhou nos primeiros passos. Na celebração de entrada do catecumenato, a pergunta pelo nome lembra o chamado dos discípulos (cf. Mt 10,2; Mc 3,16; Lc 6,13ss; Jo 1,40s); a pergunta sobre o pedido recorda as inúmeras vezes que nos evangelhos Jesus conversa com seus interlocutores para saber o que eles desejam (cf. Mc 10,51; Mt 15,28; 20,32; Lc 5,12-13; 18,41; 17,12; Jo 5,6); a primeira adesão apresenta o núcleo teológico do catecumenato ao catecúmeno e relembra a vocação pascal e evangelizadora da Igreja (na pessoa dos introdutores e demais membros da comunidade eclesial presentes), que os acolhe; assinalação da fronte e dos sentidos faz a comunidade (que, representada pelos catequistas e introdutores, também realiza a assinalação) repetir os gestos de cura e salvação sobre os que ingressam no catecumenato, mostrando que eles já são alcançados pela graça pascal desde o início da caminhada catecumenal; a entrada na igreja integra os catecúmenos na procissão dos santos (cf. Sl 88,16; 121,2), que seguem rumo à Jerusalém celeste; a proclamação e a escuta da Palavra, a entrega do Livro da Palavra Deus e as preces pelos catecúmenos fecham o conjunto ritual, mostrando o quanto a Palavra é a lâmpada que ilumina a caminhada (cf. Sl 118,105) eclesial do catecúmeno; por fim, a despedida dos catecúmenos, seguida ou não da celebração eucarística, mostra que eles ainda estão em processo de integração e que há um longo caminho a percorrer até o banquete da vida.

5.2. A missão comunitária de discernir e eleger

O que é próprio do tempo do catecumenato, que fora iniciado com a celebração de entrada, é a gestação. Crescimento e amadurecimento, instrução e liturgias (celebrações da Palavra, bênçãos, unções, exorcismos, entregas etc. – cf. RICA n. 106, 109, 113, 119, 125, 127). O n. 18 da Int. do RICA indica a natureza da comunidade/Igreja e como ela deve agir durante esse tempo: a Igreja é mãe e cerca os seus com amor, os protege, os alimenta com a Palavra e a liturgia. Deve ainda ser mestra de oração, ensinando a rezar, e iniciar os catecúmenos na prática da caridade cristã e do amor fraterno (cf. Int. RICA, 19). E, mesmo que uma gestação tenha tempo determinado, no caso do catecumenato, não. Como não se pode medir nem colocar barreiras na ação do Espírito de Deus, o discernimento comunitário se torna condição *sine qua non* no processo catecumenal (cf. Int. RICA, 20). Logo, outra característica da comunidade/Igreja emerge: pela graça do Espírito, ela governa e julga o processo. Por meio de seus representantes, a comunidade age como *magistratus*. Cada catecúmeno deveria, segundo o seu estado de crescimento e integração na comunidade, passar para o tempo seguinte, chamado de "purificação e iluminação" (cf. Int. RICA 21). De etapa em etapa, de um tempo a outro, o catecumenato reafirma seu caráter pascalizante, transformante. A autêntica conversão será um critério fundamental no discernimento que elegerá o catecúmeno.

5.2.1 Caminhar juntos na luz de Cristo

A purificação e a iluminação efetivamente fazem parte do contínuo da caminhada catecumenal. Nesse ínterim, as celebrações litúrgicas, como ação comunitária, são declarativas e, ao mesmo tempo, constitutivas do *status quo* dos catecúmenos. E, mesmo que o banho batismal só aconteça idealmente na noite da Vigília Pascal (cf. Int. RICA, 55), em se tratando da vida no Espírito, o catecumenato faz com que os catecúmenos bebam da Fonte da Vida pouco a pouco, como que por antecipação: a graça batismal já os começou a tocar, a banhar. Pode-se assim também afirmar que, juntamente com os catecúmenos, a comunidade volta à fonte, renova sua vida em Cristo e no Espírito, redescobre o mistério trinitário que é sua verdadeira existência. E isso não deixa de ser celebrado: na mesma Vigília Pascal, a Igreja irá renovar suas promessas batismais e ser aspergida com a mesma água lustral que banha os novos filhos de Deus.

5.2.2 Um povo eleito

Nesse tempo, nota-se a relevância dada pelo RICA há um rito em especial, considerado "o ponto capital de todo catecumenato" (Int. RICA, 23): a eleição. Como "penhor da sua fidelidade", os catecúmenos "inscrevem os seus nomes no registro dos eleitos" (Int. RICA, 22). A densidade simbólica desse gesto remete e faz recordar aqueles tiverem seu nome inscrito no céu ou no livro da vida (cf. Lc 10,20; Hb 12,23; Fl 4,3; Ap 13,8; 17,8; 20,15; 21,27). Por conseguinte, a eleição e a inscrição do nome exprimem a escolha feita pela comunidade, marcando, dessa maneira, o final do processo de discernimento. Trata-se efetivamente de um povo eleito que elege: povo de Deus, assembleia santa, povo sacerdotal (1Pd 2,9). Dessa forma, o RICA, por meio do seu processo de iniciação, imprime no coração e na vida do iniciando um modelo de Igreja projetado pelo Vaticano II, mediante a eclesiologia do povo Deus, que é Igreja-sacramento do amor do Pai no hoje da história da salvação (cf. AQUINO JÚNIOR, 2022, 95-96).

Uma leitura do RICA indica que o fato teológico da eleição implica uma manifestação autêntica do *sensus fidelium* comunitário, ao mesmo tempo que se trata de um reconhecimento do desenvolvimento do *sensus fidei*[7] (cf. COMISSÃO TEOLOGICA

---

7. NARCISSE, GILBERT, verbete: *Sensus fidei*, 1328-1329. In: LACOSTE, JEAN-YVES (dir.), *Dictionnaire critique de théologie*, Paris, Quadrige/PUF, 2007:

INTERNACIONAL, 2014) nos catecúmenos: "Conhecimento da doutrina cristã, senso da fé e da caridade" (Int. RICA, 22). Por essa razão, "a fé, cujo sacramento recebem, não é apenas de Igreja, mas também deles, em que se espera que ela seja operante" (Int. RICA, 30).

Assim se marca o início da terceira e derradeira etapa do catecumenato, que, por meio dos escrutínios quaresmais, conduz os catecúmenos à recepção dos sacramentos da iniciação cristã na Vigília Pascal. A comunidade, mediante a liturgia quaresmal do ano A, plenamente coadunada ao processo catecumenal, contribui para "acirrar" os ânimos, acender o fogo, expulsar os males e renovar os catecúmenos (cf. Int. RICA, 25). Trata-se do acabamento da "verdadeira circuncisão: que é a do coração" (Rm 2,29; cf. Ez 36,26; Sl 50,8.12.19). Nessa reta final, a comunidade mãe é também parteira, que dará o seu melhor para trazer à luz os filhos de Deus.

Doravante, os catecúmenos serão chamados de eleitos, iluminados, competentes, (cf. Int. RICA, 24). Eleitos, pois são frutos de uma escolha da comunidade; iluminados, pois o Espírito do Ressuscitado efetivamente atua neles por meio da Igreja; competentes, pois, já tendo recebido o símbolo (cf. NOCENT, 1992, 596) e sob os cuidados da comunidade, correm a passos largos rumo às fontes da vida, a fim de saciar a sede que os faz caminhar (cf. Int. RICA, 27-30). Todas essas expressões são maneiras de indicar como os catecúmenos já adentraram no mistério da Páscoa de Jesus Cristo e que seguem rumo a sua consumação (cf. Int. RICA, 31-32).

"Compreendemos por *sensus fidei* (o sentido da fé) uma capacidade dada pelo Espírito Santo ao crente de perceber a verdade da fé e de discernir o que é contrário a esta" (tradução nossa).

Conclusão

Toda decisão humana de adesão a uma fé, a certo estilo de vida, implica ganhos e renúncias. A caminhada catecumenal segue essa premissa teológica, que implica a conversão e um novo nascimento. A comunidade eclesial desenvolve ao longo desse caminho sua vocação fundamental de, como Jesus Cristo, salvar e dar a vida. Encarnando uma tipologia particular, a comunidade/Igreja engendra os neófitos e os acompanha nesse itinerário no tempo da mistagogia (cf. Int. RICA, 40), até que eles estejam suficientemente maduros para partilhar em comunidade a missão evangelizadora e santificadora.

A transmissão da "genética" da vida para os novos filhos se faz a partir de uma *matrix* comum, do único fundamento (cf. 1Cor 3,11): há de se beber da mesma fonte (cf. Jo 7,37) e permanecer unidos ao mesmo tronco (cf. Jo 15,4-7). Quem, como mãe, carrega e transmite esse DNA é a comunidade. Desse modo, afirma-se que a matriz é essencialmente Cristo, sacramento do Pai, e que essa categoria se aplica por analogia à Igreja, na medida em que ela assume sua identidade geradora de vida no processo catecumenal. Se um componente masculino se apresenta como inerente à pessoa de Cristo, o feminino é assumido pela Igreja. Assim, o processo catecumenal se coaduna ao modelo de aliança esponsal, que culmina com um banquete nupcial, como anuncia o invitatório à comunhão da celebração eucarística (*Beáti qui ad cenam Agni vocáti sunt*), e também Santo Ambrósio em seu tratado sobre *Os Mistérios*[8].

---

8. No seu tratado sobre *Os Mistérios*, Ambrósio apresenta a comunidade/Igreja como esposa de Cristo e como mãe dos neófitos, que alimenta seus filhos com o Corpo de Cristo. Cf. SANTO AMBRÓSIO, Os mistérios, 9,55-59, 139-142, in: id., *Os sacramentos e os mistérios. Iniciação cristã na Igreja primitiva*, Petrópolis, Vozes, 2019.

O RICA, especialmente na sua introdução, desenvolve direta e indiretamente uma verdadeira tipologia com fortes raízes bíblicas, e isso a fim de fomentar a transmissão da fé na caminhada catecumenal. Por intermédio dessa, a comunidade eclesial revela um proeminente papel matricial, que é acrescido de inúmeros outros, como: porta, testemunha, pedagoga, mestra, esposa, magistrada, parteira etc. Esse dispositivo tipológico, quando autenticamente vivido e assumido, contribuirá para que os simpatizantes e catecúmenos possam, por meio do complexo processo da iniciação cristã, renascer, a fim de que "todos aqueles cujos nomes estão escritos no livro da vida do Cordeiro" (Ap 21,27) participem da festa do amor para eles preparada, uma vez que eles são "felizes convidados para a ceia das núpcias do Cordeiro" (Ap 19,9; cf. Int. RICA, 36).

Referências

AQUINO JÚNIOR, F. Sinodalidade como "dimensão constitutiva da Igreja". In: AQUINO JÚNIOR, F.; DÉCIO PASSOS, J. (Org.). *Por uma Igreja sinodal. Reflexões teológico-pastorais.* São Paulo: Paulinas, 2022.

BUGNINI, Annibale. *A Reforma Litúrgica (1948-1975).* São Paulo: Paulus; Paulinas; Loyola, 2028.

CABIÉ, R. Chapitre I: L'initiation chrétienne. In: MARTIMORT, A. G. *L'église en prière, III: les sacrements.* Paris: Desclée, 1984.

COMISSÃO TEOLÓGICA INTERNACIONAL. *Sensus fidei na vida da Igreja.* 2014. Disponível em: https://www.vatican.va/roman_curia/congregations/cfaith/cti_documents/rc_cti_20140610_sensus-fidei_po.html#_ftnref61. Acesso em: 31 maio 2023.

FRANCISCO. *Exortação Apostólica Evangelii Gaudium. Ao episcopado, ao clero, às pessoas consagradas e aos fiéis leigos sobre o anúncio do Evangelho no mundo atual.* Roma, 24 de novembro de 2013. Disponível em: https://www.vatican.va/content/francesco/pt/apost_exhortations/documents/papa-francesco_esortazione-ap_20131124_evangelii-gaudium.html. Acesso em: 31 maio 2023.

GRILLO, A.; PERRONI, M.; TRAGAN, P.-R. (Ed.). *Corso di teologia sacramentaria*. Brescia: Queriniana, 2000, v. 2: I sacramenti dela salvezza.

HIPÓLITO DE ROMA. *A tradição apostólica de Hipólito de Roma*. Liturgia e catequese em Roma no século III. Petrópolis: Vozes, 2019.

NARCISSE, G. Verbete: *Sensus fidei*, 1328-1329. In: LACOSTE J.-Y. (dir). *Dictionnaire critique de théologie*. Paris: Quadrige/PUF, 2007.

SACRA CONGREGATIO PRO CULTU DIVINO. *Missale romunum*. Editio typica tercia. Roma: Typis polyglottis vaticanis, MMII.

_____. *Ordo initiationis christianae adultorum*. Roma: Typis polyglottis vaticanis, MCMLXXII.

_____. *Praeconium paschale*. *Missale Romanum*. Città del Vaticano: Editio Typica Tertia, 1970.

SAGRADA CONGREGAÇÃO PARA O CULTO DIVINO. *Ritual da iniciação cristã de adultos*. Tradução portuguesa para o Brasil da edição típica de 1972. São Paulo: Paulus, 2001.

SÃO CIRILO DE JERUSALÉM. *Catequeses mistagógicas*. Petrópolis: Vozes, 2020.

_____. *Catequeses pré-batismais*. Petrópolis: Vozes, 2022.

SANTO AGOSTINHO. *A instrução dos catecúmenos. Teoria e prática da catequese*. Petrópolis: Vozes, 2020.

SANTO AMBRÓSIO. *Os sacramentos e os mistérios. Iniciação cristã na Igreja primitiva*. Petrópolis: Vozes, 2019.

NOCENT, A. Verbete: *Iniciação cristã*, 596. In: SARTORE, D., TRIACCA, A. M. (org). *Dicionário de liturgia*. São Paulo: Paulinas, 1992.

_____ et al. *Anámnesis 4. Os sacramentos. Teologia e história da celebração*. São Paulo: Paulinas, 1989.

PRÉTOT, P. Les propostions de la foi dans la liturgie. Heureux les invités aux noces de l'Agneau. *La Maison Dieu*, 216 (1998/4) 73-101.

VIER, Frederico (Org.); KLOPPENBURG, Boaventura (int. e ind. analítico). *Compêndio Vaticano II. Constituições, decretos e declarações*. Petrópolis: Vozes, ^{31}2015.

Música ritual na iniciação cristã

Frei Joaquim Fonseca, OFM[1]

Introdução

Duas edições do "Encontro de compositores"[2], promovidas pelo setor Música Litúrgica e coordenadas pela Equipe de Reflexão de Música Litúrgica da CNBB, em 2015 e 2016, tiveram como tema "O canto e a música nos ritos de iniciação cristã". O objetivo principal era "reunir os cantos existentes, identificar as lacunas e fornecer subsídios para novas composições". Na prática, pretendia-se organizar um sólido repertório de cantos que contemplasse todo o itinerário de iniciação cristã de jovens e adultos, incluindo crianças e adolescentes em idade de catequese, e as celebrações do batismo de crianças

---

1. *Frei Joaquim Fonseca, OFM* é presbítero da Ordem dos Frades Menores (Franciscanos). Bacharel em Música pela Universidade Federal do Rio de Janeiro e mestre em Teologia Dogmática com concentração em Liturgia. Foi assessor nacional da CNBB para a música litúrgica. Além de professor de Liturgia e Música ritual cristã, assessora encontros de formação litúrgico-musical em todo o país.
2. Trata-se da 10ª e 11ª edição do "Encontro de compositores".

pequenas e da crisma/confirmação de jovens. Esses dois encontros foram assessorados pelo padre Domingos Ormonde.

O ponto de partida para o trabalho empreendido pelos compositores consistiu na análise de um levantamento – elaborado previamente pelo assessor – de todas as referências alusivas ao canto nas celebrações previstas no *Ritual da Iniciação Cristã de Adultos* (RICA). O passo seguinte foi buscar uma familiarização com o Ritual, no intuito de conhecer o sentido dos ritos em si e a consequente função ministerial de cada canto a ser escolhido e/ou composto. Ao longo dos dois encontros, foram apreciadas diversas composições (antigas ou novas) trazidas pelos compositores. A tarefa final da organização de todo o material coletado e produzido ficou a cargo da Ir. Penha Carpanedo e do Pe. Domingos Ormonde[3].

O percurso desse colóquio progrediu, em primeiro lugar, por meio da apresentação de alguns apontamentos histórico-teológicos sobre o canto e a música na liturgia cristã. Na sequência, a título de exemplo, foi exibida uma sugestão de repertório para a "Celebração da entrada no catecumenato". Essa amostra foi extraída do subsídio *Cantos rituais para a iniciação cristã*, ainda em fase de elaboração, por Penha Carpanedo e Domingos Ormonde, a quem agradecemos pela generosidade de nos conceder o acesso, em primeira mão, a esse precioso subsídio.

1. Importância e função do canto e da música na liturgia cristã

É sabido que, nos primórdios da era cristã, o canto dos fiéis era tido como alimento da fé. Em outras palavras, era parte constitutiva

---

3. Trata-se do subsídio: *Cantos rituais para a iniciação cristã*, ainda em fase de elaboração.

da *lex orandi* da Igreja. Santo Ambrósio ("pai da hinódia cristã do Ocidente"), dentre outros Pais da Igreja, tinha a firme convicção de que seus hinos, ao lado dos salmos, eram um meio de serviço à fé, uma confissão coletiva da fé. Outra característica do canto dos cristãos dos primeiros séculos era a participação de toda a assembleia nele. Era consenso entre os santos Padres que a ação de cantar juntos cria e realiza a igualdade entre os membros da comunidade, ou seja, as diferenças de idade e de condição social ficam rebaixadas quando todos mesclam as diversas vozes na unidade de uma melodia. Abster-se do canto equivalia ao rompimento da unidade da assembleia ou ficar fora dela[4].

Voltando à ideia de que o canto, sobretudo na era Patrística, era um "meio de serviço à fé", pode-se deduzir que o processo catecumenal de jovens e adultos era recheado de cantos de salmos e hinos. Duas razões corroboram essa dedução: a própria natureza dos ritos em si e a necessidade de se fazer contraponto aos grupos heréticos, surgidos nessa época, que se utilizavam do canto e da música para propagar suas ideias. Os arianos (séc. IV), por exemplo, se reuniam de noite, em grupos, e cantavam hinos compostos, em forma antifonal, no intuito de propagar seus dogmas heréticos. Faziam-no também, ao amanhecer, para insultar os cristãos, nas proximidades do lugar onde esses celebravam as vigílias. São João Crisóstomo, temendo que alguns de seus fiéis se deixassem induzir pela propaganda dos hereges, organizou grupos noturnos que cantavam hinos, também de forma antifonal, para fazer oposição à influência dos cantos arianos e confirmar, ao mesmo tempo, os seus fiéis na profissão da correta fé[5].

---

4. Cf. BASURKO, X., *O canto cristão na tradição primitiva*, São Paulo, Paulus, 2005, 97-120.
5. Cf. ibid., 135-136.

O declínio gradativo do catecumenato de jovens e adultos na Igreja (a partir do séc. V) e a prática cada vez mais generalizada do batismo de crianças colaboraram para o esquecimento dos antigos ritos que precediam a celebração da iniciação cristã. Os três sacramentos da iniciação cristã (Batismo – Confirmação – Eucaristia) foram desmembrados e "administrados" em períodos distintos, conforme a faixa etária das pessoas. Nessa mudança radical, também se perdeu o caráter celebrativo, preexistente no catecumenato. Esse divórcio entre catequese e liturgia perpassou, praticamente, todo o segundo milênio.

O Movimento Litúrgico (primeira metade do séc. XX) contribuiu, de forma decisiva, no resgate do sentido teológico e espiritual da liturgia da Igreja, em todos os seus aspectos. No que tange ao canto e à música, abriu as portas para o processo de recuperação de seu genuíno "espírito" primitivo. Importantes documentos pontifícios, como o *Motu próprio* de Pio X, *Tra le sollecitudini* (1903), e a Encíclica *Musicae Sacrae Disciplina* de Pio XII (1955), comprovam o interesse pela reflexão sobre a importância da "música sacra", mesmo que ainda a classifiquem de "serva" da liturgia. Vale lembrar que, em geral, canto e música funcionavam, no conjunto da ação litúrgica, como algo paralelo ou acessório. Pouco se preocupava quanto à adequação aos diversos ritos do que se cantava, além da execução dessa música se limitar a um seleto grupo de cantores (coral). Isso por muitos séculos! Excetuando o Ofício Divino monástico, canto e música se restringiam, basicamente, às celebrações da Eucaristia e do matrimônio.

O fruto maduro da reflexão, desencadeada pelo Movimento Litúrgico, foi acolhido pelo Concílio Vaticano II. Não por acaso, o capítulo VI (sobre a "Música Sacra") da Constituição *Sacrosanctum Concilium* (SC) parte da "função ministerial" dessa música. Sobre esse eixo axial (função ministerial) se sustenta toda a teologia e a espiritualidade do canto e da música na liturgia. A música vocal e instrumental, além de suas qualidades intrínsecas já apontadas por Pio X (santidade, bondade das formas, universalidade...)[6], participa da sacramentalidade da liturgia. Como "parte integrante", essa música tem seu fundamento na Sagrada Escritura, está intimamente unida aos diversos ritos, aos tempos e festas do Ano Litúrgico, pois sua finalidade primordial é "glória de Deus e a santificação dos fiéis" (cf. SC 112, 121). Portanto, o Concílio Vaticano II, além de recuperar o sentido teológico-litúrgico do canto e da música na liturgia, também ressalta a necessária "participação dos fiéis", nestes termos: "Para promover a participação ativa, cuide-se de incentivar as aclamações dos fiéis, as respostas, a salmodia, as antífonas, os cânticos, bem como as ações, gestos e atitudes" (cf. 30). Esses dois aspectos (da música enquanto rito e da participação) explicitam as dimensões ascendente e descendente da ação ritual.

2. Canto e música para as celebrações previstas no itinerário da iniciação cristã

É consenso que a música é um recurso pedagógico eficaz, sobretudo no âmbito do aprendizado de crianças e adolescentes. Lamentavelmente, esse recurso continua sendo pouco utilizado na maioria das escolas do Brasil, apesar da existência de uma lei federal que torna obrigatória a educação musical no ensino fundamental e médio[7]. Diversos estudos comprovam que as atividades musicais na escola favorecem, dentre outras coisas, o desenvolvimento físico, psíquico

---

6. Cf. *Tra le Sollecitudini*, n. 2.
7. Trata-se da Lei nº 11.769, publicada no *Diário Oficial da União*, que altera a Lei de Diretrizes e Bases da Educação (LDB) – nº 9.394, de 20 de dezembro de 1996 – e torna obrigatório o ensino de música no ensino fundamental e médio. Todas as escolas públicas e particulares do Brasil terão de acrescentar, no prazo de três anos, mais uma disciplina na grade curricular obrigatória.

e mental de crianças e adolescentes. A música tem o poder de unir culturas e gerações, de estreitar relações interpessoais e de ativar e aprimorar as faculdades cognitivas. Ao trabalhar com os sons, as crianças e adolescentes desenvolvem a capacidade de ouvir e perceber o mundo que os cerca. Aliás, cantar e tocar juntos contribuem no processo de construção do equilíbrio socioafetivo e emocional das pessoas em geral[8].

Partindo do princípio de que canto e música sempre acompanharam os momentos significativos da vida dos cristãos e cristãs, é natural que, também no âmbito da catequese, se utilize dessa arte. O RICA propõe um longo e progressivo itinerário, estruturado em tempos e etapas. Nesse itinerário, é perceptível a simbiose entre o conteúdo que, gradativamente, é transmitido (catequese) e a vivência da fé (liturgia e ética). Para os diversos momentos celebrativos, previstos nesse Ritual, urge sedimentar um repertório apropriado. A título de exemplo, será apresentada, a seguir, uma amostra de cantos para a *Celebração da entrada no catecumenato*, do RICA[9].

2.1 Chegada

Enquanto os candidatos, com seus instrutores e demais fiéis, se reúnem fora do limiar da igreja, pode-se entoar um canto apropriado (cf. RICA, n. 73), como, por exemplo, o "refrão meditativo", que segue:

---

8. Cf. ARAÚJO, K. K. S., *A contribuição da música para o desenvolvimento e aprendizagem da criança*, disponível em: https://monografias.brasilescola.uol.com.br/pedagogia/a-contribuicao-da-musica-para-desenvolvimento-e-aprendizagem-da-crianca.htm#indice_7, acesso em: 19/08/2022.

9. Extraído de: *Cantos rituais para a Iniciação Cristã*. Subsídio ainda em fase de elaboração por Penha Carpanedo e Domingos Ormonde.

Aquele que vos chamou é fiel, fiel!
Aquele que vos chamou é fiel, fiel!
Aquele que vos chamou é fiel, fiel![10]

Muitas comunidades eclesiais do Brasil fazem uso de "refrãos meditativos", tanto nas celebrações da Eucaristia e da Palavra, como no Ofício Divino. Alguns desses refrãos são originários da comunidade ecumênica de Taizé (França)[11]. Outros foram compostos, aqui, no Brasil, como o refrão acima. O texto advém de um fragmento da "bênção" que conclui a Primeira Carta aos Tessalonicenses: "Que o próprio Deus da paz vos santifique inteiramente, e que todo o vosso espírito, alma e corpo seja guardado irrepreensível para a vinda de nosso Senhor Jesus Cristo! *Fiel é aquele vos chama*: ele o fará" (1Ts 5,23-24). Essa bênção, além de realçar a vocação à santidade, encerra um apelo escatológico, tanto para os que abraçaram a fé cristã como para aqueles que se propõem a fazê-lo ao longo do itinerário catecumenal.

O simples fato de cantar, repetidas vezes, esse refrão potencializará em cada fiel a consciência de sua vocação e o consequente compromisso de seguir o Mestre na inteireza do ser (espírito, alma e corpo).

---

10. L.: 1Ts 5,24 / M.: M. Kolling.
11. Trata-se de uma comunidade monástica ecumênica, formada por católicos e protestantes, fundada em 1940, no Sul da França. Essa comunidade é constituída por pessoas de várias nacionalidades. Seu foco é a oração e a meditação. Jovens de todo o mundo visitam Taizé, todas as semanas, para experimentar um pouco da espiritualidade vivida nessa comunidade. Taizé criou e propagou um estilo único de música contemplativa que reflete a natureza meditativa da comunidade. A música de Taizé é formada por frases simples, usualmente versículos de salmos e de outras passagens bíblicas. Esses breves refrãos são repetidos e, algumas vezes, cantados em forma de cânone. O objetivo primordial é ajudar na meditação e na oração.

2.2 Aproximação dos "introdutores" e "candidatos"

Quem preside saúda cordialmente os candidatos. Dirigindo-se a eles e a todos os presentes, expressa a alegria e a ação de graças da Igreja e lembra aos introdutores e amigos a experiência pessoal e o senso religioso que levaram os candidatos, em seu itinerário espiritual, à celebração da etapa daquele dia. Em seguida, convida os introdutores e os candidatos a se aproximarem. Enquanto esses se colocam diante de quem preside, todos poderão entoar o salmo 62(63), conforme sugere o RICA (cf. RICA, n. 75-82):

A minh'alma tem sede de ti,
Pelo Deus vivo eu anseio com ardor:
Quando irei saciar esta sede
Com os(as) irmãos(ãs) na alegria do amor?

1. Ó meu Deus, ó Deus meu, desde cedo eu te anseio,
   O meu ser tão sedento de ti, só desejo...
   – Minha carne te busca, por ti ela anseia.
   Como terra sem água, feito árida areia.

2. Assim eu gostaria de te contemplar,
   Teu poder, tua glória, no Templo a provar!
   – Pois mais doce que a vida é teu grande amor,
   E meus lábios irão celebrar teu louvor!

3. E por toda minha vida, eu te bendirei,
   Em teu Nome, meus braços e mãos erguerei!
   – Como em rico banquete me saciarei,
   Com alegria nos lábios eu te louvarei! (Sl 63[62],2-6)[12]

Com a imagem da terra sem água (deserto) que precisa de chuva para tornar-se fecunda, o salmista expressa que, sem Deus, não existe verdadeira vida. Enquanto viver, dia e noite, ele deseja sentir a proteção divina e cantar os louvores de Deus. Ressoando nos lábios e

---

12. Versão: R. Veloso; Melodia: J. Weber.

no coração dos candidatos, este salmo potencializará neles a alegria de abraçar a fé e a disposição para o seguimento de Jesus Cristo, a fonte da água viva (cf. Jo 4,13-14). Aliás, o itinerário catecumenal pressupõe essa "sede de Deus", o desejo de estar sempre na presença dele, dia e noite.

2.3 Aclamação após rito da "primeira adesão"

Após o diálogo entre quem preside e cada candidato (Qual é o teu nome? Que pedes à Igreja de Deus? E esta fé, que te dará?...) e com os instrutores (se estes estão dispostos a ajudar os candidatos a encontrar e seguir Cristo...) (cf. RICA, n. 75-82), toda assembleia poderá cantar a seguinte aclamação: "Bendito seja Deus para sempre!"[13].

Bendizer a Deus em todos os tempos e lugares é "nosso dever e nossa salvação". A Igreja herdou da tradição judaica essa vertente de oração. Tudo aquilo que tem a ver com o dom da vida é motivo para bendizer ao Pai, por Cristo, no Espírito. Na *Tradição Apostólica* (século III), encontra-se uma razão para a bênção: "Por tudo aquilo que se toma, dar-se-ão graças ao Deus Santo, tomando dele para sua glória". Ou seja, o louvor, a ação de graças têm precedência sobre o que ousarmos pedir a Deus. Na conclusão do rito da "primeira adesão", os candidatos juntam sua voz à de toda a assembleia, cantando: "Bendito seja Deus para sempre!".

2.4 Aclamação após o rito da assinalação da fronte e dos sentidos

Depois de ter sido assinalados com o sinal da cruz de Cristo, todos terão motivos de sobra para glorificar aquele que, depois de

---

13. M.: J. Rodrigues.

passar pela "paixão e morte de Cruz", venceu o mundo, nestes termos (cf. RICA, n. 83-87): "Glória a ti, Senhor, graças e louvor!"[14].

2.5 Ingresso na igreja

Depois do convite, da parte de quem preside, para que os catecúmenos e seus instrutores ingressem na igreja, inicia-se o "Canto de entrada":

> *Meus filhos, vinde agora e escutai-me,*
> *Vou ensinar-vos o temor do Senhor.*
> 1. Bendirei o Senhor Deus em todo o tempo,
>   Seu louvor sempre estará em minha boca.
> 2. Minh'alma se gloria no Senhor,
>   Que escutem os humildes e se alegrem.
> 3. Contemplai a sua face e alegrai-vos,
>   Vosso rosto não se cubra de vergonha.
> 4. Provai e vede quão suave é o Senhor!
>   Feliz a pessoa que tem nele o seu refúgio[15].

Trata-se da primeira parte do salmo 34(33). Aqui, o salmista convida a assembleia para, juntamente com ele, "bendizer", "dar glória", "contemplar", "provar a suavidade" do Senhor. Não por acaso, o RICA recomenda este salmo como canto de "ingresso na igreja". Uma vez ali introduzidos, os catecúmenos poderão, a partir daquele momento, desfrutar do alimento que será servido na "mesa da Palavra" (cf. RICA, n. 90).

---

14. M.: J. Postma.
15. M.: A. Temme. Este salmo é sugerido pelo RICA.

2.6 "Saudação" à Palavra

Enquanto o livro das Sagradas Escrituras é trazido em procissão e colocado, respeitosamente, na mesa da Palavra, pode-se entoar um canto de "saudação à Palavra"[16], como o seguinte:

Tua Palavra é lâmpada para os meus pés, Senhor!
Lâmpada para os meus pés e luz, luz para o meu caminho.
Lâmpada para os meus pés e luz, luz para o meu caminho[17].

Este refrão é extraído do salmo 119(118),105. Jesus apresentou-se como a verdadeira luz que ilumina todo ser humano que vem a este mundo: "Eu sou a luz do mundo. Quem me segue, não caminha na escuridão, mas terá a luz da vida" (Jo 8,12). Ele é também a "Palavra que se fez carne e veio morar entre nós" (Jo 1,14). Escutando, respondendo e meditando essa Palavra, gradativamente, nos transformaremos em filhos e filhas da luz, não mais das trevas (cf. Ef 5,8). Vale lembrar que, no itinerário catecumenal, há um "tempo de iluminação", que corresponde aos preparativos finais que antecedem a celebração do batismo.

2.7 Salmo responsorial

O salmo responsorial dependerá da leitura que lhe antecede. Caso seja uma celebração eucarística, recorre-se ao "Elenco das Leituras da Missa"; caso seja uma celebração da Palavra, recorre-se às sugestões fornecidas pelo próprio RICA.

---

16. Embora não seja indicado no RICA, é costume nas comunidades saudar, efusivamente, a Palavra, enquanto o livro é trazido em procissão até o ambão.
17. M.: S. Monteiro.

2.8 Aclamação ao Evangelho

Utiliza-se o mesmo critério para o salmo responsorial, apresentado acima.

2.9 Após a partilha da Palavra

Terminada a homilia, se oportuno, todos entoarão o seguinte refrão[18]:

> Senhor, que a tua Palavra
> Transforme a nossa vida;
> Queremos caminhar,
> Com retidão, na tua luz[19].

2.10 Resposta às preces

Após cada prece, todos cantarão: "Ó Senhor, escutai nossa prece!".

2.11 Despedida dos catecúmenos

Antes da saída da igreja, convém cantar algo, como, por exemplo, o seguinte refrão:

> Caminhamos pela luz de Deus,
> Caminhamos pela luz de Deus!
> Caminhamos sempre, caminhamos sempre
> Caminhamos pela luz de Deus![20]

---

18. Esse mesmo refrão poderá ser repetido após a "entrega do livro da Palavra de Deus".
19. L. + M.: M. Kolling.
20. L. + M.: A. van Tonder.

Concluindo...

Vimos uma amostra do que se deve cantar na "Celebração da entrada no catecumenato". Aqui, como nas demais celebrações previstas pelo RICA, resplandece a "nobre simplicidade" de que nos pede o Concílio Vaticano II. Uma coisa é certa: o canto dos fiéis, quando perfeitamente integrado com os demais gestos rituais, cumpre sua real função de conduzir os que participam da ação litúrgica ao âmago do mistério celebrado. Que a Igreja, no Brasil, consiga levar a efeito a proposta do RICA a todas as comunidades eclesiais! Esforços de músicos, liturgistas e de um número expressivo de pastores é que não faltam.

Referências

ARAÚJO, K. K. S. *A contribuição da música para o desenvolvimento e aprendizagem da criança.* Disponível em: https://monografias.brasilescola.uol.com.br/pedagogia/a-contribuicao-da-musica-para-desenvolvimento-e-aprendizagem-da-crianca.htm#indice_7. Acesso em: 19 ago. 2022.

BASURKO, X. *O canto cristão na tradição primitiva.* São Paulo: Paulus, 2005.

PIO X. *Motu proprio Tra le Sollecitudini. Sobre a música sacra.* Disponível em: https://www.vatican.va/content/pius-x/pt/motu_proprio/documents/hf_p-x_motu-proprio_19031122_sollecitudini.html. Acesso em: 19 ago. 2022.

Experiências de iniciação à vida cristã

Frei João Fernandes Reinert[1]

Introdução

A catequese de inspiração catecumenal, patrimônio evangelizador dos primórdios da Igreja, e resgatada pelo Concílio Vaticano II, cada vez mais tem estado na pauta do dia dos assuntos pastorais das paróquias e dioceses em todo o Brasil. Não é de hoje que bispos, padres, leigos, evangelizadores e evangelizadoras de norte a sul do país têm refletido sobre o assunto, no intuito de fazer a passagem de uma catequese sacramentalista para um verdadeiro projeto de iniciação à vida cristã.

Muitas iniciativas louváveis estão acontecendo na iniciação cristã de inspiração catecumenal nas mais diversas realidades eclesiais; contudo, nem sempre são conhecidas e divulgadas. É nessa perspectiva que o presente artigo pretende ser uma modesta contribuição, ao

---

1. *Frei João Fernandes Reinert, OFM* é presbítero da Ordem dos Frades Menores (Franciscanos). Mestre e doutor em Teologia pela PUC-Rio. Natural de Gaspar, SC, é pároco da paróquia Santa Clara de Assis, em Duque de Caxias, RJ. Professor do Instituto Teológico Franciscano, em Petrópolis, RJ.

trazer à tona algumas de tantas iniciativas em andamento nas mais diversas realidades do nosso país. Recordar aquelas que já são conhecidas do leitor significa confirmar que se está no caminho certo, corroborando que muitas experiências estão dando certo aqui e acolá, e continuar avançando para águas mais profundas.

Simultaneamente à divulgação de determinadas práticas catecumenais, pretendemos apontar algumas pistas pastorais que ajudam a tornar a inspiração catecumenal sempre mais relevante para uma catequese de chave missionária.

1. A formação, combustível para a consolidação da iniciação à vida cristã

A formação dos catequistas, introdutores e dos demais agentes pastorais da iniciação à vida cristã é uma dimensão crucial para a consolidação da catequese de inspiração catecumenal. Cada vez mais se percebe que é prioridade das prioridades reiniciar quem inicia, acompanhar quem acompanha, ou seja, quando o assunto é um novo paradigma de iniciação cristã, todo esforço deve ser empreendido para que os interlocutores envolvidos na missão da transmissão da fé tenham também a oportunidade de experimentar, na teoria e na prática, a riqueza e beleza dos elementos que o Ritual da Iniciação Cristã de Adultos (RICA) oferece à formação da fé.

É importante registrar o avanço formativo que está em andamento na Igreja do Brasil no tocante à catequese catecumenal. Nos últimos anos, o tema de muitas assembleias diocesanas e paroquiais esteve relacionado à iniciação à vida cristã. Não foram poucas as dioceses que se empenharam no estudo de determinado livro sobre o tema da iniciação cristã. Outras, ao promoverem seminários sobre a iniciação, incluíram no *kit* de inscrição um livro sobre o tema, isto é, todos os participantes tiveram acesso a determinada obra sobre a iniciação cristã. Fato é que muitas comunidades estão assumindo, com profunda consciência teológico-pastoral, o caminho da formação permanente de seus agentes, não poupando esforços no investimento em todos os níveis, inclusive no financeiro, para que a consolidação do processo catecumenal seja uma realidade em ato.

Diversas são as modalidades, estilos e formações ofertadas aos catequistas e demais ministérios da iniciação cristã. Uma das iniciativas formativas que têm gerado inúmeros frutos são as "escolas catequéticas", que é a formação a partir dos tempos e etapas do percurso de inspiração catecumenal, cuja referência é o RICA. As "escolas catequéticas", ou outras expressões correspondentes, têm sido verdadeiras escolas de reiniciação aos já iniciados. As contribuições principais das "escolas catequéticas" estão em oferecer aos catequistas a clarificação de sua identidade e missão, bem como dos objetivos de cada tempo e etapa do itinerário catecumenal e da riqueza litúrgico-pastoral das celebrações catecumenais. Dito com outras palavras, a pertinência de tais iniciativas se deve ao fato de que, mais do que estudar teorias sobre o que é a iniciação cristã, por mais importante que isso seja, tem-se percebido a necessidade de oferecer aos catequistas e demais agentes da iniciação à vida cristã oportunidades de vivenciarem eles mesmos os tempos e etapas previstos no Ritual da Iniciação Cristã de Adultos (RICA).

Trata-se de um novo paradigma formativo que contempla a teoria com a prática, o conteúdo com a espiritualidade, a formação com a liturgia, o saber com o sabor. O que pretende as "escolas catequéticas" é um programa formativo estruturado a partir da lógica do percurso em que catequistas, introdutores e demais ministérios percorram os quatro tempos do processo catecumenal na condição de iniciados sacramentalmente, mas em processo de constante reiniciação cristã, vivenciando eles mesmos os objetivos de cada tempo com seus ritos, adaptados à sua realidade de cristãos evangelizadores, em permanente processo de amadurecimento na fé.

Na missão evangelizadora da iniciação cristã, não se trata apenas de dominar a metodologia de inspiração catecumenal, mas de vivenciá-la, saboreá-la e viver minimamente a riqueza do itinerário previsto no RICA. A máxima de Tertuliano, que dizia que "'cristãos não nascem, mas se tornam", permanece atual, devendo, inclusive, ser estendida à realidade dos catequistas, de tal modo que possamos dizer que "catequista não nasce, se torna". Vivenciar os ritos catecumenais, aplicados à sua realidade, é dimensão constitutiva do tornar-se catequista. As "escolas catequéticas", a partir dos tempos e etapas, são, portanto, fundamentais para que o catequista perceba o que cada tempo e rito diz a ele, em seu catecumenato permanente.

O catequista e outros ministérios da iniciação, por meio das "escolas catequéticas", fazem sua formação permanente vivenciando o tempo do pré-catecumenato, do catecumenato, da purificação e da mistagogia, na condição de já iniciados na fé. No tempo do pré-catecumenato, eles estarão reacendendo sua paixão pessoal por Jesus Cristo e pela Igreja; estarão permitindo que o Mistério de Jesus Cristo ecoe sempre mais em seu ministério catequético, pois ninguém permanece por muito tempo em uma causa sem paixão e sem encantamento. Na etapa da formação denominada pré-catecumenato, o catequista é convidado, dentre outros aspectos, a confrontar-se com sua cristologia, que é a compreensão de Jesus Cristo que ele possui. Todo cristão, consciente ou não, tem uma cristologia; todo catequista, consciente ou não, traz consigo uma cristologia, a qual, em muitos casos, precisa ser mais bem lapidada, isto é, certas concepções de Jesus Cristo presentes na mente e no coração do evangelizador carecem de purificações. E assim, sucessivamente, cada tempo do percurso será percorrido pelo próprio catequista, oportunizando-lhe viver, na sua reiniciação à vida cristã, os objetivos dessa etapa.

Nas "escolas catequéticas" os ritos catecumenais têm uma missão crucial. Eles ressoam na vida e no ministério do catequista, alimentam sua caminhada ministerial e lançam luzes para repensar elementos centrais de sua missão e identidade ministerial. Tomemos como exemplo o Rito de Entrada no catecumenato, realizado no início do segundo tempo do percurso, que é o tempo do catecumenato. O Rito é composto de dois grandes momentos: a admissão dos candidatos (fora da igreja) e a liturgia da Palavra (dentro da igreja). Na porta da igreja ou no pátio, saúdam-se e acolhem-se os candidatos, dirigindo a eles palavras sobre a alegria da Igreja pela caminhada deles percorrida até ali. Inicia-se o diálogo com os candidatos sobre suas reais intenções para a adesão de fé. Pergunta-se pelo nome dos candidatos, como sinal de interesse por sua história pessoal. Logo em seguida se pergunta o que eles pedem à Igreja, cuja resposta é a fé. Na continuidade, pergunta-se o que a fé dará a quem a recebe, cuja resposta é a vida eterna. Segue-se então o momento da primeira adesão dos candidatos que desejam se tornar discípulos de Cristo e membros da Igreja.

Prossegue-se com a assinalação da cruz na fronte e dos sentidos, e com a entrega da cruz. Ser marcado com o sinal da cruz representa seguimento e pertença a Cristo. Após esse momento, eles são convidados a entrar na igreja: "(N. e N.) entrem na igreja para participar conosco na mesa da Palavra de Deus" (RICA, n. 90). Dentro da igreja lhes são dirigidas palavras sobre a dignidade da Palavra de Deus; segue-se a entrada do Livro da Palavra e a incensação do mesmo, depois as leituras bíblicas seguidas da homilia e, logo em seguida, a entrega do livro da Palavra de Deus. Conclui-se esse momento com as preces pelos catecúmenos e com a oração conclusiva.

Pois bem, o ato de entrar na igreja possui um significado profundo do ponto de vista eclesial e teológico na relação entre igreja e catecúmeno. Também aos catequistas, esses momentos não são desprovidos de significado. "Com a Celebração de Entrada no catecumenato, ao acolher os candidatos e os convidar a entrar na igreja, o catequista tem diante de si a oportunidade de se perguntar por sua pertença à Igreja, seu amor à comunidade de fé. O catequista, assim como todo cristão, está a cada dia mergulhando mais profundamente no mistério de Jesus Cristo e de sua Igreja. No tocante à fé e à vida eclesial, ninguém está ainda totalmente 'dentro', nem mesmo o catequista" (REINERT, 2023, 28). Não é possível estar a serviço da iniciação à vida cristã sem estar "dentro da igreja", sem pertença eclesial, sem vida em comunidade. O ministério do catequista, bem como todos os ministérios, é exercido em nome da comunidade, com pertença a Cristo e a sua Igreja.

E assim cada um dos ritos da iniciação cristã de inspiração catecumenal tem algo a dizer à vida e missão dos catequistas. O importante é ajudar os agentes, ministros da iniciação cristã, a experimentar a riqueza das celebrações do RICA e o significado para seu ministério e serviço eclesial. O que estamos propondo é que, nas mais diversas modalidades formativas, a dimensão celebrativa e ritual seja dimensão constitutiva da formação. Tais iniciativas, como as das "escolas catequéticas", no espírito do itinerário de fé, com a riqueza dos ritos da iniciação e suas devidas adaptações, podem ser estendidas para outros momentos e outras realidades, no intuito de paulatinamente deixar para traz a cultura do curso e assumir a cultura do percurso. Nunca é demais lembrar que boa parte dos atuais agentes de evangelização, seja leigo ou clero, não foi iniciada à vida cristã tendo os ritos e as etapas catecumenais como parte estruturante do processo formativo.

2. Religiosidade popular e inspiração catecumenal

A religiosidade popular está entre as principais riquezas pastorais da Igreja. São os documentos das Conferências Episcopais latino-americanas que mais diretamente revelam seu apreço pelo modo popular com que as pessoas, sobretudo as mais simples e pobres, vivenciam sua fé (DAp, n. 447). A religiosidade popular diz respeito à expressão de fé do povo, com forte densidade de experiência de Deus. Ela é o "lugar" onde mais facilmente as pessoas fazem a experiência do mistério, onde se dá a "busca de Deus e da fé" (EN, n. 48). Ela é "a sabedoria cristã", a "matriz cultural de um povo" (SD, n. 36); nela "aparece a alma dos povos latino-americanos" (DAp, n. 258). Ela possui uma inquestionável densidade espiritual que "penetra delicadamente a existência pessoal de cada fiel" (DAp, n. 261). Ela possui densa "força evangelizadora" (DP, n. 467), além de ser ponto de partida para que a fé do povo amadureça e fecunde (DAp, n. 262).

Vale a pena ler os capítulos da Exortação Apostólica *Evangelii Gaudium*, do Papa Francisco, que fala da riqueza da religiosidade popular, a qual, segundo ele, "acolhe, a seu modo, o Evangelho inteiro e encarna-o em expressões de oração, de fraternidade, de justiça, de luta e de festa" (EG, n. 237).

Ao mesmo tempo a religiosidade popular não está isenta de possíveis equívocos e deturpações. Reconhecer que as expressões populares de fé são lugares da experiência do Mistério e de crescimento na fé não dispensa a atenção pastoral para que elas recebam acompanhamento, orientações e correções, pois, assim como toda realidade apresenta-se dúbia, também a religiosidade popular, prenha de aspectos evangelizadores, pode portar desvios que necessitam ser purificados a partir de permanente acompanhamento pastoral (DAp, n. 456). Pode haver na religiosidade popular dimensões religiosas pouco religiosas, de origem supersticiosa ou mágica. Quando se imagina que os ritos religiosos operam por si mesmos, se está muito mais próximo de uma espécie de magia do que da mistagogia da fé (FLORISTAM, 1991, 537). Daí a necessidade de permanente zelo pastoral para salvaguardar esse rico tesouro do nosso povo. "É necessário acompanhar com atitudes pastorais as maneiras de sentir e de viver, compreender a expressar o mistério de Deus e de Cristo por parte de nossos povos" (SD, n. 36). Nessa perspectiva, a religiosidade popular é "objeto de evangelização" e ao mesmo tempo "sujeito de evangelização" (LÓPEZ, 2011, 479). Enquanto objeto de evangelização, trata-se de discernir, por meio de "um labor de pedagogia pastoral", o que nela há de afinidade com o espírito do Evangelho. Tal dinâmica permitirá que "o catolicismo popular seja assumido, purificado, completado e dinamizado pelo Evangelho" (DAp, n. 457).

Em cada devoção popular há a possibilidade de impregná-la de elementos querigmáticos, mistagógicos, formativos, ao mesmo tempo em que se abrem possibilidades para uma inspiração catecumenal mais inculturada. No intuito de não ficarmos na teoria sobre o que está sendo dito, tomemos, como exemplo e em tom de proposta pastoral, as novenas de padroeiros, que é uma devoção bastante comum do norte ao sul do país. Independentemente do tema específico proposto na novena, a sugestão é que ela seja estruturada a partir dos quatro tempos do itinerário de inspiração catecumenal: pré-catecumenato, catecumenato, purificação e mistagogia, no intuito de que o fiel experimente e percorra, ainda que minimamente, um percurso de fé por meio dos nove dias da devoção popular denominada "novena dos padroeiros". Uma possível estruturação da novena inspirada na pedagogia catecumenal poderia estar assim organizada: nos primeiros dias da novena, o conteúdo central é o querigma, o anúncio vivo de Jesus Cristo.

Começar a partir de Jesus Cristo é a regra de ouro de uma evangelização que pretende ser iniciática. O documento 107 da CNBB, intitulado *Iniciação à vida cristã: itinerário para formar discípulos missionários*, no número 158, ao abordar as várias formas de propor o querigma, diz que pode ser apresentado de forma expositiva, apoiando-se "em um texto da Sagrada Escritura, em um catecismo, em uma obra teológica, em uma biografia de um santo, em um filme, em um livro, em uma história de conversão ou fatos da vida de hoje que mostram como é bom crer". Portanto, pelo testemunho e pela vida do santo ou santa homenageado na novena, em cuja vida resplandece o amor do Deus de Jesus Cristo, é possível que o querigma seja anunciado e repetido logo nos primeiros dias da novena.

Nos dias subsequentes é o momento do catecumenato, do aprofundamento doutrinal, teológico e pastoral da temática proposta para a novena, bem como de outros elementos da vida cristã. A novena é lugar teológico para rezar, refletir, estudar e crescer no conhecimento de Jesus Cristo e da vida eclesial em todas as suas dimensões. Os penúltimos dias da novena seriam tempo para a experiência da purificação/iluminação. É tempo para revisão de vida, para a dimensão mais penitencial, à luz das virtudes do padroeiro, rumo a uma sempre mais profunda conversão a Jesus Cristo. Celebração penitencial, confissão, ação caritativa são algumas pistas para uma efetiva vivência, na novena, do que pretende o tempo da purificação/iluminação. E, por fim, o último dia, ou os últimos dias da novena, seria momento da mistagogia, da festividade da fé, da confraternização, do compromisso concreto.

Por meio desse ensaio pastoral aqui proposto, não temos a intenção de oferecer receitas prontas. O que se quer é mostrar que é possível usar a criatividade pastoral para dar às devoções populares uma identidade mais querigmática e mistagógica, e ao mesmo tempo consolidar a cultura catecumenal nas comunidades eclesiais. Com outras palavras, é possível fazer a devoção popular se aproximar sempre mais do espírito do percurso de maturação da fé e, consequentemente, não cair nas armadilhas do devocionismo antiquerigmático.

Ainda a título de exemplificação e proposta pastoral, o mesmo olhar querigmático e mistagógico se pode ter para com o terço dos homens, o qual tem conseguido agregar uma quantidade expressiva de homens nas mais diversas comunidades de fé, muitos deles afastados ou até então com pouca vivência eclesial. Dar à reza do terço um rosto mais catecumenal é possível por meio de inserções de momentos reflexivos e formativos. Entre uma dezena e outra na oração do terço pode haver, por exemplo, espaço para a reflexão da Palavra de Deus, breves momentos formativos, momentos de silêncio, dentre tantos outros elementos iniciativos.

3. Parar quando for preciso

A falta de tempo é uma realidade que atinge a todos. Cada vez mais estamos com menos tempo para tudo. A sensação é a de que ele está a cada dia mais veloz. Esse fenômeno da aceleração do relógio atinge a vida eclesial, o que torna perfeitamente compreensível a dificuldade e ausência dos agentes de pastoral em alguns momentos formativos, até porque grande parcela deles participa ativamente em mais de um serviço eclesial. Porém, é também verdade que há em nossas comunidades quem resista à formação permanente, nesse caso não apenas pela escassez de tempo, mas também às vezes por outros motivos não justificáveis. Daí, se necessário for, uma dose de ousadia é bem-vinda para garantir que a formação aconteça com toda a prioridade que ela merece.

Os documentos da Igreja não cansam de chamar a atenção para não cair nas armadilhas do improviso formativo. "É urgente desencadear um processo integral de formação, que seja programada, sistemática e não meramente ocasional, considerando especialmente a Doutrina Social da Igreja" (CNBB, doc. 100, n. 212), pois "persiste ainda o amadorismo em relação à preparação e formação das lideranças" (CNBB, doc. 105, n. 47). O não improviso formativo inclui um programa definido, com clareza dos conteúdos, objetivos e metas a serem alcançadas. O não improviso inclui também a coragem para dar passos mais ousados diante de determinadas situações desfavoráveis a uma formação de qualidade. Muitas vezes é preciso retroceder para avançar, parar para caminhar com mais firmeza e maior unidade e organicidade. Uma experiência pessoal, vivida na paróquia Santa Clara em Duque de Caxias, RJ, há alguns anos, foi a interrupção de novas turmas de catequese de jovens e adultos. Vimos a necessidade de dar uma pausa no catecumenato de jovens e adultos, com novas turmas, para efetivamente priorizar a formação dos catequistas e garantir que todos participassem dela efetivamente.

Portanto, parou-se o catecumenato por um ano para que esse tempo fosse dedicado à formação dos próprios catequistas, no espírito das "escolas catequéticas" anteriormente descritas. Foi um tempo de graça para que fizéssemos por um ano o catecumenato permanente ou, com outros termos, a reiniciação à vida cristã.

A pausa proposta foi igualmente um tempo para sinodalmente organizar a caminhada catequética paroquial, rever a linguagem, o tempo, as prioridades, dentre tantas outras questões relacionadas à iniciação à vida cristã no conjunto das atividades pastorais da paróquia. No início houve resistências e insatisfações, as quais deram lugar à aceitação, à medida que se perceberam os benefícios que a pausa estava trazendo à reiniciação cristã dos catequistas. Desde o início se buscou conscientizar toda a comunidade, catequistas, catequizandos e catecúmenos sobre o porquê da parada na catequese de jovens e adultos. Dentre muitos aspectos no trabalho de conscientização, um dos principais argumentos foi mostrar a importância e a seriedade com que a Igreja assume a iniciação à vida cristã e que, portanto, é preciso às vezes parar para recomeçar com maior vigor e planejamento. Sabemos que nem todas as dificuldades relacionadas à iniciação cristã daquele momento em nossa paróquia foram resolvidas em um ano, contudo, os ganhos foram muitos, sobretudo por se confirmar a importância da catequese na vida paroquial.

4. Salas mistagógicas

Sem investimento, em todos os níveis, a iniciação cristã terá profundas dificuldades para avançar para águas mais profundas. Faz parte da rede de investimentos pastorais o investimento econômico. As questões econômicas, a transparência e a prioridade no uso do dinheiro, o fortalecimento na pastoral do dízimo, o projeto de comunhão de bens são também questões que tocam à conversão pastoral e estrutural da paróquia. Se é verdade o dito segundo o qual "perguntar não ofende", então podemos lançar as seguintes perguntas: qual sala é mais bem equipada, a sala da catequese ou o escritório do pároco? A sala catequética ou a sala administrativa? Tais indagações não querem contrapor um ministério a outro, mas tão somente chamar a atenção para questões que às vezes passam despercebidas. Se a iniciação à vida cristã é prioridade pastoral, então urge pôr a mão no bolso para garantir as condições necessárias para que o iniciando seja verdadeiramente iniciado. É nessa perspectiva que tem sido louvável o investimento, em diversas comunidades eclesiais, nas chamadas "salas mistagógicas", espaços catequéticos diferentes dos ambientes tradicionais, mais parecidos com escola do que com lugar de iniciação e encontro com o Deus de Jesus Cristo.

O querigma, primeiro anúncio de Jesus Cristo, ressoa por meio de inúmeros caminhos. O ambiente e a estética são lugares privilegiados para a comunicação do Mistério. O ambiente fala por si, comunica algo, gera uma motivação, conduz a uma intencionalidade. Diferentemente de um espaço escolar, as salas mistagógicas trazem a marca da relação, da comunhão, favorecem a participação, a celebração, o encontro, a relação com Deus e com os irmãos. A questão central aqui não é descrever o "como" do espaço mistagógico[2], mas, sobretudo, perceber que o espaço físico dos encontros catequéticos deve ser capaz de conduzir ao Mistério, elevar os corações ao Pai, ao Filho e ao Espírito Santo, e, entre os catequizandos, gerar comunhão, partilha, experiência de fraternidade, relações humanas.

A diferença entre o ambiente "ensino-aprendizado" e o ambiente mistagógico de inspiração catecumenal é nítida: o primeiro, com sinais da escolarização da catequese, com seu paradigma de ensino-instrução que prevaleceu, sobretudo, durante o segundo milênio da

---

2. Com uma breve pesquisa no Google, pode-se encontrar inúmeros exemplos de salas mistagógicas e deixar-se inspirar-se por elas.

era cristã, induz à memorização dos conteúdos religiosos, ao passo que o ambiente mistagógico quer favorecer o mergulho, o encontro, a relação com Deus, com a Igreja e entre os catequizandos/catecúmenos. Na catequese tradicional, o ambiente era escolar. O catequista era professor, o programa era acadêmico. Cadeiras enfileiradas corroborava o clima escolar reinante. Trata-se de uma herança enraizada na cultura religiosa catequética que se apresenta ainda hoje e, em não poucos lugares, de difícil superação.

Diferentemente do espaço escolar, com cadeiras enfileiradas, no ambiente mistagógico de espiritualidade trinitária a composição das cadeiras é ao redor da mesa. A mesa ao centro e todos ao seu redor, ou mesmo sem mesa, mas todos em círculo, favorece relações circulares, proximidade, fraternidade, diálogo, valorização de cada um e de todos. A disposição das cadeiras em círculo comunica que Deus é relação, comunhão de pessoas. A ênfase de outrora no giz e no caderno transmite a ideia de que Deus é conceito a ser assimilado intelectualmente. A mera exposição de conteúdo passa a ideia de que Deus é teoria. A ênfase na Bíblia, com catequese renovada, por sua vez, comunica que Deus é revelação, que gera encontro, experiência, afeto. Enfim, ao registrar o crescente surgimento dos espaços mistagógicos, queremos chamar a atenção para que a conversa sobre a consolidação da inspiração catecumenal não fique à margem da renovação do espaço físico onde acontece o processo da iniciação à vida cristã.

5. Ofertas de reiniciação cristã

A iniciação cristã não prepara simplesmente para receber os sacramentos. Sua missão maior é preparar para ser e viver como cristão, cuja vida é sinalizada e sustentada pelos sacramentos recebidos e celebrados. Resulta dizer disso que o investimento em grupos de reiniciação à vida cristã está em plena consonância com a mentalidade de uma Igreja missionária, iniciática, formadora e, ao mesmo tempo, em processo de constante formação. Simultaneamente, portanto, à prioridade na iniciação cristã de crianças, jovens e adultos, é de bom tom investir em grupos de reiniciação, salvaguardando a diferença entre iniciação existencial e iniciação sacramental, ou seja, aos já iniciados sacramentalmente deve ser dada a possibilidade de refazerem a iniciação cristã visando apaixonar-se novamente por Jesus Cristo, reencantar-se por ele, aprofundar-se na vida cristã, com pertença eclesial mais consciente e crescimento na identidade de ser cristão.

Diversas são as modalidades encontradas nas dioceses e paróquias que proporcionam possibilidades para uma reiniciação dos seus membros, por meio de um itinerário formativo inspirado na metodologia catecumenal. Os ritos e as celebrações podem ser adaptados, assumindo novos objetivos, na condição de pessoas já iniciadas sacramentalmente à vida cristã, mas em processo de permanente iniciação existencial. Exemplos de propostas de reiniciação mais conhecidas são as catequeses familiares, a formação de pais, padrinhos, noivos e noivas no estilo catecumenal. Trata-se de um acompanhamento mais personalizado e processual a fim de que esses momentos, e outros, sejam percursos de fé, e não meros cursos de preparação aos sacramentos. Excelentes subsídios estão sendo produzidos, seja por organismos da CNBB, seja pelas próprias dioceses. O desafio é o de mais dioceses assumirem essas propostas de percurso na fé. Em grande parte, ainda vigora o "curso" de preparação do sacramento do Batismo e do Matrimônio, e, quando não, propostas opostas entre paróquias da mesma diocese, o que confunde os fiéis ou os motiva a ir em busca do "mais fácil".

Merece uma palavra de destaque as belas experiências de catequese familiar junto aos pais e responsáveis pelas crianças da catequese infantil. Elas têm sido verdadeiras escolas de reiniciação cristã e ajudado a despertar uma nova consciência pastoral de uma Igreja em estado de iniciação/reiniciação permanente, deixando para trás a mentalidade segundo a qual catequese é apenas "coisa" para criança. Algumas experiências, frutos de inspirada iniciativa, têm caminhado na direção de, antes do início da catequese com as crianças, são os pais ou responsáveis que se reúnem para fazer, por três a quatro meses, um tempo de pré-catecumenato, ou seja, para receber novamente ou, quiçá, pela primeira vez, um anúncio/reanúncio explícito de Jesus Cristo. Os resultados têm sido surpreendentes, sobretudo no que diz respeito a uma maior consciência de pertença eclesial. Assim, aquela tão recorrente reclamação de que os pais não acompanham os filhos na catequese dá lugar a um investimento maior no mundo dos adultos, cuja atenção pastoral "deve assumir sempre mais uma importância prioritária" (DGC, n. 258a). Com propriedade, afirma o Diretório Catequético Geral que "a catequese de adultos, por ser dirigida a homens capazes de uma adesão plenamente responsável, deve ser considerada a principal forma de catequese" (DGC, n. 20). No Brasil, a CNBB assumiu a expressão "catequese com adultos" na Segunda Semana Brasileira de Catequese, no intuito de chamar a atenção para a centralidade do adulto e o protagonismo dos catequizandos.

Ao preferirmos a expressão "catequese com adultos" em vez de "para adultos", ou "de adultos", estamos optando por um tipo de trabalho que necessita do conhecimento das características e potencialidades desses catequizandos. Todos os assim chamados destinatários da catequese devem poder manifestar-se sujeitos ativos, conscientes e corresponsáveis, e não puros receptores silenciosos e passivos, com muito mais razão se são adultos. Por isso, não são considerados simples destinatários, mas interlocutores da nossa proposta de fé. É uma catequese feita de partilha de saberes, experiências e iniciativas, em que ambos os lados criam laços, buscam, ensinam, aprendem e vivenciam a vida cristã (CNBB, doc. 84, n. 150).

A razão teológico-pastoral de uma atenção maior ao mundo dos adultos, sobretudo junto aos pais e responsáveis das crianças da catequese infantil, é o fato de não poder pressupor que eles estejam iniciados na fé, que estejam encantados por Jesus Cristo, que tenham pertença e vivência eclesiais. Novamente fazendo menção às reclamações de que os pais não acompanham seus filhos na catequese, é preciso dizer que, subjacente a essa fala, pode estar um falso pressuposto de que eles já tenham sido iniciados na fé cristã.

6. Recuperação da ordem dos sacramentos da iniciação cristã

O documento 107 da CNBB, intitulado *Iniciação à vida cristã: itinerário para formar discípulos missionários*, pede que se dê continuidade ao estudo sobre a recuperação da original sequência dos sacramentos da iniciação cristã, cuja ordem é Batismo-Crisma-Eucaristia, por serem sacramentos que remetem à unidade do mistério pascal de Jesus Cristo.

Batismo-Crisma-Eucaristia não são três sacramentos separados, independentes uns dos outros, autônomos, com efeitos salvíficos isolados. Sua unidade remete a uma unidade maior, que é a unidade teologal, salvífica, do mistério pascal de Cristo. A sequência Batismo-Crisma-Eucaristia, perdida ao longo da história, bem como a unidade desses três sacramentos, também perdida, advém da unidade do mistério pascal, isto é, dos acontecimentos da vida, morte, ressurreição de Jesus Cristo e do envio do Espírito Santo, que são acontecimentos/momentos distintos e inseparáveis da realidade salvífica de Deus.

Os sacramentos da iniciação cristã enfatizam aspectos específicos da unidade do mistério pascal de Cristo, isto é, Batismo-Crisma-Eucaristia são uma unidade sacramental, cuja distinção de cada um desses sacramentos faz emergir aspectos específicos do único e unitário mistério pascal. Na tríade sacramental, ou seja, por meio do Batismo, Crisma, Eucaristia, o eleito participa do mistério pascal mediante o banho batismal (mergulho na morte e ressurreição do Senhor), unção (dom do Espírito) e a Eucaristia, participação do sacrifício do Senhor (cf. TABORDA, 1988, 94).

Assim, o batismo enfatiza a morte e novo nascimento, configurando o neófito no corpo de Cristo. A crisma enfatiza o dom do Espírito (pentecostes), com o qual o fiel participa da missão profética, sacerdotal e real de Cristo. A Eucaristia recapitula o batismo e a crisma, e expressa a participação permanente no mistério pascal de Cristo. É a Eucaristia o cume da iniciação cristã. Cada sacramento da iniciação remete aos outros. Batismo remete à crisma, e os dois rementem à Eucaristia. É a Eucarística que culmina a assimilação e a configuração do ser humano a Cristo e sua incorporação à Igreja (LELO, 2005, 99).

Há no Brasil ao menos duas dioceses que estão colocando em experimento a ordem original dos sacramentos da iniciação na catequese de crianças. São as dioceses de Caçador, SC, e Maringá, PR. Na diocese de Caçador, desde 2017 é reproposto de forma gradual o processo de preparação à vida cristã à luz da inspiração catecumenal, com a elaboração de itinerários catequéticos adaptados às diferentes situações, com os sacramentos da iniciação na sequência original. De acordo com o "Projeto de Iniciação à Vida Cristã" dessa diocese, "é importante promover práticas que oportunizem a recuperação da sequência original dos sacramentos da iniciação, conforme as primeiras comunidades: batismo, crisma e Eucaristia" (23). É louvável a pedagogia que foi adotada na diocese para que o processo em mudança não fosse recebido como uma imposição. De 2017 a 2022, foram anos de estudo, conscientização, experimento, visando a uma efetiva adesão de todos os interlocutores envolvidos na implantação do Projeto da Iniciação. A diocese de Caçador foi uma das pioneiras na experiência da catequese familiar com os pais, antes da catequese infantil com os filhos, conforme descrito anteriormente.

Relataremos a seguir a experiência da Arquidiocese de Maringá, PR[3], a partir de meados de 2020, com a chegada de Dom Severino Clasen, retomou a reflexão sobre a iniciação à vida cristã, cujo processo de estudo envolveu outras pastorais e movimentos eclesiais, em busca de uma maior compreensão sobre a identidade e a meta da iniciação à vida cristã. Inicialmente a formação foi oferecida a todos os catequistas e membros das equipes de liturgia da Arquidiocese. Em um segundo momento, a formação se estendeu a todos os membros do Conselho Pastoral Paroquial das paróquias. A partir desses e de outros passos dados, em 2022 o projeto da IVC na Arquidiocese de Maringá foi apresentado em Assembleia Arquidiocesana para aprovação, e assim estruturado:

- Itinerário de catequese para crianças e adolescentes com tempo de cinco anos e com a ordem original dos sacramentos: Batismo, Crisma e Eucaristia. Nesse itinerário, as famílias e catequistas participam de todo o processo, de forma vivencial e formativa.
- Catequese batismal e de noivos com itinerário de inspiração catecumenal.
- Inserção do introdutor na catequese, CEBs e Grupos de Reflexão.

Foi de fundamental importância nesse processo o apoio do bispo, que deu toda segurança e convicção à proposta, principalmente na inversão da ordem original dos sacramentos, além do apoio e da participação em todo o processo reflexivo e nas tomadas de decisões. O projeto aprovado vai até 2027, com avaliações e novos caminhos a serem discernidos e assumidos com novos passos.

---

3. Informações enviadas pela Irmã Maria Sonia Viana, coordenadora da Comissão Arquidiocesana de Iniciação à Vida Cristã.

É importante destacar que, embora o projeto tenha sido aprovado, houve certas resistências de um grupo de padres à implantação efetiva da proposta do Itinerário da IVC, com a inversão da ordem original dos sacramentos, justificando não terem recebido formação suficiente para a mudança. Diante de tal situação, em 2022 iniciou-se a implantação da proposta com a adesão de 31 paróquias, ficando determinado que todas as paróquias da Arquidiocese iniciassem o processo em 2023, após um tempo maior de preparação. Com as paróquias que não iniciaram o processo em 2022, realizaram-se reuniões de esclarecimentos e orientações sobre a proposta contida no projeto de IVC da Arquidiocese, preparando-as para o início em 2023.

O tempo do percurso da catequese, até a Primeira Eucaristia, é de cinco anos. Primeiramente é oferecido o querigma às famílias dos catequizandos, sendo seis encontros quinzenais, dos quais a comunidade é responsável pela organização e condução. A metodologia dos encontros quer proporcionar aos pais e responsáveis das crianças uma vivência querigmática de encontro na comunidade eclesial. Uma equipe preparada previamente realiza os encontros (catequistas, equipe de cantos, padre, pregador e visitadores).

Portanto, durante três meses, antes do início da catequese, acontece na Arquidiocese o pré-catecumenato com os pais e responsáveis. As famílias que faltam aos encontros recebem a visita dos visitadores, que as convidam para o próximo encontro e para ser presença da Igreja na vida da família. Essas visitas acontecem entre o encontro em que faltaram e o seguinte a ser realizado, quando recebem um cartão de oração para rezar em família com o tema do encontro. No mês de outubro, todas as famílias do pré-catecumenato são visitadas, recebem a bênção das casas e são marcadas como "Casa da Iniciação à Vida Cristã". No tempo do Advento, as famílias se encontram na comunidade com quatro encontros em preparação para o Natal.

Os cinco anos da catequese infantil estão assim organizados:
- *Pré-catecumenato*: o percurso com as crianças se inicia em pentecostes (junho) e vai até o Natal do mesmo ano; é o tempo de despertar a fé em Jesus Cristo.
- *Catecumenato*: tempo de aprofundamento da fé (discipulado), que compreende três anos (fevereiro a dezembro). Os ritos de passagem são celebrados no decorrer do processo catequético, conforme os temas e conteúdos estudados. O início do catecumenato se dá, em toda a Arquidiocese, na celebração litúrgica do primeiro domingo da Quaresma, com o rito da acolhida, dos sinais e da entrega da Bíblia. Busca-se resgatar a figura dos padrinhos do batismo. Eles são convidados a participar e fazer o rito dos sentidos em seus afilhados, com a entrega da cruz. As famílias também participam do catecumenato: são preparados e proporcionados às famílias quatro encontros durante o ano catequético.
- *Iluminação e purificação*: acontece no tempo da Quaresma, após o catecumenato como preparação imediata para os sacramentos. Após esse período, realiza-se a celebração do sacramento da Crisma.
- *Mistagogia*: vivência missionária da fé (um ano de catequese, de Pentecostes a Pentecostes).

A essência da mistagogia é a vivência e a participação na vida da comunidade de fé. Os encontros estão integrados com a liturgia, serviço e caridade, acompanhados pela comunidade eclesial. Após esse tempo, realiza-se a celebração do sacramento da Eucaristia, no tempo pascal.

Alguns desafios que se constataram no início de consolidação da IVC:
- A participação efetiva, de compromisso e de interação, em todo o processo de alguns padres.

- A dimensão formativa dos catequistas, com mudanças de paradigmas, de conversão pastoral; não há catequistas, lideranças, suficientemente formadas para o desenvolvimento da proposta, e isso, no início, estava sobrecarregando alguns líderes.
- A falta de consciência iniciática de toda a paróquia, de lideranças, pois o projeto envolve toda a comunidade eclesial. O processo é gradual; nesse sentido, toda a comunidade não está suficientemente preparada e inserida no processo. A pessoa do introdutor está a caminho do processo, com os encontros formativos a serem realizados.

Conclusão

A principal missão do relato dessas experiências foi a de dar voz a algumas, dentre tantas outras, iniciativas catequéticas missionárias, em plena realização por este país afora, que estão levando adiante o que podemos chamar de "consolidação da cultura catecumenal". Acreditamos que torná-las conhecidas é um dos serviços que se pode prestar à causa da iniciação cristã de crianças, jovens e adultos. Aos poucos vai se consolidando a passagem de uma Igreja que realiza iniciação para uma Igreja toda ela iniciática, querigmática e mistagógica, com cheiro de inspiração catecumenal.

Referências

CONFERÊNCIA GERAL DO EPISCOPADO LATINO-AMERICANO. *Puebla. A evangelização no presente e no futuro da América Latina.* Petrópolis: Vozes, 1979.

CONFERÊNCIA NACIONAL DOS BISPOS DO BRASIL. *Iniciação à vida cristã. Itinerário para formar discípulos missionários.* Brasília: Edições CNBB, 2017. (Documentos da CNBB 107).

_____. *Segunda Semana Brasileira de Catequese. Catequese com adultos: histórico, abertura, conteúdos, propostas e compromissos, documentos*. São Paulo: Paulus, 2002. (Estudos da CNBB, 84).

DOCUMENTO DE APARECIDA. *Texto Conclusivo da V Conferência Geral do Episcopado Latino-Americano e do Caribe*. São Paulo: Paulus, 2007.

FLORISTAN, C. *Teología práctica. Teoría y praxis de la acción pastoral*. Salamanca: Sígueme, 1991.

FRANCISCO. *Exortação Apostólica Evangelii Gaudium. Sobre o anúncio do Evangelho no mundo atual*. São Paulo: Paulinas, 2013.

LELO, A. F. *A iniciação cristã. Catecumenato, dinâmica sacramental e testemunho*. São Paulo: Paulinas, 2005.

LÓPEZ, S. M. Evangelizar la religiosidad popular. *Religión y cultura: Revista trimestral de los PP. Agustinos*. Madrid (abr.-sep. 2011) 257-258.

REINERT, J. F. *A identidade do catequista a partir das celebrações do RICA*. São Paulo: Paulus, 2023.

SAGRADA CONGREGAÇÃO PARA O CLERO. *Diretório Catequético Geral*. São Paulo: Paulinas, 1979.

TABORDA, F. Crisma, sacramento do Espírito Santo? Para uma identificação da crisma a partir de sua unidade com o batismo. *Revista Perspectiva Teológica*, v. 30, n. 81 (1988) 183.

O impulso que a iniciação cristã recebeu na Conferência de Aparecida e, posteriormente, nos documentos da CNBB

Renato Quezini[1]

Introdução

Quando abordamos o tema da iniciação cristã, somos imediatamente transportados para a comunidade eclesial, que deve ser a referência para as pessoas que querem penetrar, pouco a pouco, na fé que estão conhecendo, e para aquelas que, feita a adesão à comunidade cristã, querem e buscam encontrar um espaço para exercer seus dons e talentos. "A comunidade é por excelência lugar de iniciação cristã. Não se chega a ser cristão sozinho, assim como não se permanece cristão em solidão. Crer na Igreja significa ao mesmo tempo crer em Igreja, sendo uma comunidade eclesial" (REINERT, 2015, 64).

O caminho que nos propomos a trilhar neste texto visa destacar como a Conferência de Aparecida abordou o tema da iniciação

---

1. *Renato Quezini* é presbítero da Arquidiocese de Maringá. Bacharel em Filosofia (IFAMA) e em Teologia (PUC-PR). Doutorando em Teologia pela Faculdade Jesuíta de Filosofia e Teologia (FAJE), bolsista CAPES. Especialista em liturgia (UNISAL), espiritualidade cristã e orientação espiritual (FAJE) e *counseling* (FAV).

cristã, apresentando-a como um autêntico itinerário para a formação do discípulo missionário. Em seguida, veremos como a Conferência Nacional dos Bispos do Brasil (CNBB) acolheu a proposta de Aparecida e impulsionou, a partir dos documentos, a reflexão sobre o tema da iniciação à vida cristã, concluindo com a urgência de entendermos a iniciação cristã como um novo paradigma de evangelização.

1. A Conferência de Aparecida e o impulso à causa da iniciação cristã

A V Conferência do Episcopado Latino-Americano e Caribenho, realizada em 2007, no Brasil, no Santuário Nacional de Aparecida, cujo tema é "Discípulos e Missionários de Jesus Cristo, para que n'Ele nossos povos tenham vida", abre uma significativa fase de reflexão sobre a temática da iniciação cristã, ressaltando que:

> Ou educamos na fé, colocando as pessoas realmente em contato com Jesus Cristo e convidando-as para segui-lo, ou não cumpriremos nossa ação evangelizadora [...]. A paróquia precisa ser o lugar onde se assegure a iniciação cristã. [...] Assumir essa tarefa exige não só uma renovação de modalidade catequética da paróquia. Propomos que o processo catequético de formação adotado pela Igreja para a iniciação cristã seja assumido por todo o continente como a maneira ordinária e indispensável de introdução na vida cristã (DAp, n. 287, 293, 294).

Ao observar que a iniciação cristã precisa ser o caminho ordinário para a formação do discípulo missionário, Aparecida nos aponta que, como fruto da renovação conciliar, "o estudo e a assimilação do Ritual da Iniciação Cristã dos Adultos (RICA) é uma referência necessária e um apoio seguro" (DAp, n. 293).

Nesse sentido, essa nova etapa da renovação da catequese com inspiração catecumenal, por meio da aplicação do RICA, não depende apenas das pessoas e organizações diretamente comprometidas com a catequese propriamente dita, mas de todos os membros da Igreja. É a Igreja toda que deve ter como prioridade formar discípulos missionários de Jesus Cristo, para que, nele, os povos e o planeta Terra tenham vida em abundância (DAp, n. 1). Prosseguindo, o mesmo documento salienta que

> a iniciação cristã que inclui o querigma é a maneira prática de colocar alguém em contato com Jesus Cristo e iniciá-lo no discipulado. Dá-nos, também, oportunidade de fortalecer a unidade dos três sacramentos da iniciação e aprofundar o rico sentido deles. A iniciação cristã, propriamente falando, refere-se à primeira iniciação nos mistérios da fé, seja na forma de catecumenato batismal para os não batizados, seja na forma de catecumenato pós-batismal para os batizados não suficientemente catequizados (DAp, n. 288).

Nesse sentido, o processo de formação, segundo o Documento de Aparecida, parte do encontro pessoal com Jesus Cristo vivo, pela ação do Espírito Santo, que se realiza na fé vivida e recebida da Igreja, tendo o querigma como "fio condutor" do processo evangelizador, o qual é o ponto de partida para a conversão, o discipulado, a comunhão eclesial e a missão. Ou seja, um processo de formação que culmine na maturidade cristã. Como ressalta o Documento de Aparecida:

> O caminho de formação do seguidor de Jesus lança suas raízes na natureza dinâmica da pessoa e no convite pessoal de Jesus Cristo, que chama os seus pelo nome e estes o seguem porque conhecem sua voz. O Senhor despertava as aspirações profundas de seus discípulos e os atraía a si maravilhados. O seguimento é fruto de uma fascinação que responde ao desejo de realização humana, ao desejo de vida plena (DAp, n. 277).

Esse processo de formação, proposto por Aparecida, desenvolve-se a partir de alguns aspectos fundamentais (conversão, discipulado, comunhão eclesial e missão), que, em outras palavras, seria como implantar os elementos centrais da formação dos catecúmenos de acordo com o RICA para a formação de todos os discípulos missionários de Jesus.

Sendo assim, a etapa do pré-catecumenato, destinado aos simpatizantes como o primeiro contato com o Senhor, torna-se essencial na formação do discípulo-missionário, pelo querigma, que conduz à conversão do coração mediante o encontro pessoal com Jesus Cristo. Encontro que dá início à caminhada eclesial.

O catecumenato, tempo de maior preparação do catecúmeno, pode ser entendido, na formação do discípulo-missionário, como processo formativo que abrange todos os ciclos da vida humana. Nesse sentido, a formação não pode ser ocasional ou reduzida a um mero "cursinho" de doutrina, mas precisa ser orgânica, progressiva, vivencial e comprometedora. "Para esse passo são de fundamental importância a catequese permanente e a vida sacramental, que fortalecem a conversão inicial e permitem que os discípulos missionários possam perseverar na vida cristã e na missão em meio ao mundo que os desafia" (DAp, n. 278c).

O tempo da iluminação é um tempo de purificação interior, no qual o candidato, tendo feito um caminho, se prepara espiritualmente para a recepção dos sacramentos. Transpondo isso para a formação do discípulo-missionário, seria como que o desfecho de um processo formativo querigmático e catequético, conduzido pela experiência comunitária, pela leitura orante da Palavra de Deus, que resultará em conversão e seguimento a Jesus Cristo, pela inserção em uma comunidade eclesial, pela vivência dos sacramentos e pelo engajamento em transformar a sociedade.

Por fim, a etapa mistagógica seria como que um caminho que conduziria à inserção no mistério da fé, proporcionando, assim, a educação dos gestos e dos símbolos empregados na liturgia, que levaria à valorização do significado do rito celebrado. Conforme o Documento:

A Eucaristia é o lugar privilegiado do encontro do discípulo com Jesus Cristo. Com este sacramento, Jesus nos atrai para si e nos faz entrar em seu dinamismo em relação a Deus e ao próximo.

Existe estreito vínculo entre as três dimensões da vocação cristã: crer, celebrar e viver o mistério de Jesus Cristo, de tal modo que a existência cristã adquira verdadeiramente forma eucarística (DAp, n. 251).

A Conferência de Aparecida, seguindo a linha dos documentos pós-conciliares, deixa a mensagem de que a catequese precisa ser de inspiração catecumenal, possuindo algumas características iniciáticas, tais como o "cultivo da amizade com Cristo na oração, o apreço pela celebração litúrgica, a experiência comunitária, o compromisso apostólico mediante um serviço aos demais" (DAp, n. 299).

Com raras exceções, os adultos, hoje, necessitam, sobretudo, do primeiro anúncio (querigma), de um primeiro passo para a conversão, de um encaminhamento ao discipulado de engajamento na Igreja e na construção do Reino. A Igreja, portanto, precisa de catequese evangelizadora e de inspiração catecumenal, com o objetivo de formar: discípulos e missionários de Jesus Cristo, Caminho, Verdade e Vida, Mestre e Pontífice; e também membros comprometidos com a vida e o dinamismo da Igreja e engajados generosamente na construção do Reino de Deus na história. Por isso, a insistência em propiciar "uma formação integral e processual do discípulo que responda ao tempo que se vive a partir de uma expressão de fé adulta e comprometida" (CELAM, 2008, 21).

2. Abordagem dos documentos da CNBB sobre a temática da iniciação cristã após Aparecida

Quase como um denominador comum, os documentos da CNBB que surgiram após a V Conferência nos convidavam a rever a nossa ação evangelizadora, alegando que, mais do que transmissão de conteúdo, a nossa prática pastoral deveria levar as pessoas ao encontro "íntimo, profundo, pessoal", pois, como bem salientou a Conferência de Aparecida, "ou educamos na fé colocando as pessoas realmente em contato com Jesus Cristo e convidando-as para segui-lo, ou não cumpriremos nossa missão evangelizadora" (MACHADO, 2015, 18).

Tudo isso comprova que o tema da iniciação cristã não é modismo! Prova disso é a distinção própria que surgiu do nosso contexto eclesial brasileiro entre iniciação cristã e iniciação à vida cristã. Iniciação cristã como concepção reducionista da preparação aos sacramentos, Batismo-Confirmação-Eucaristia, encerrando-se na recepção dos mesmos; enquanto iniciação à vida cristã seria a lógica mais ampla de preparar a pessoa para ser discípula missionária de Jesus Cristo, a partir do encontro pessoal, inserção na comunidade eclesial e engajamento na missão (IRMÃO NERY, 2019, 312).

Como já dito, Aparecida é um marco da reflexão iniciática e aponta caminhos, enquanto a Igreja no Brasil aventura-se por seguir e desbravar ainda mais esse caminho. Os bispos, na 46ª Assembleia Geral dos Bispos do Brasil, realizada em 2008, já sentiam os desdobramentos das reflexões acenadas por Aparecida e, portanto, pedem a elaboração de um estudo mais sistemático sobre o assunto da iniciação cristã, atentos ao insistente pedido de Aparecida, que ressaltava: "Impõe-se a tarefa irrenunciável de oferecer uma modalidade de iniciação cristã que, além de marcar o quê, dê também elementos para o quem, o como e onde se realiza" (DAp, 2007, n. 294).

Tal pedido dos bispos resultou na elaboração e publicação em 2009 do Estudo 97 da CNBB – A Iniciação à vida cristã: um processo de inspiração catecumenal. Nesse estudo, nossos pastores tinham a preocupação de nos ajudar a entender as questões primordiais de base: a iniciação à vida cristã... por quê? O que é? Como? Para quem? Com quem? Onde? Argumentava o estudo:

A restauração do catecumenato, solicitada pela Igreja (cf. CD, n. 14, SC, n. 64-68, e AG, n. 14), com a devida inculturação, quer retomar a dimensão mística, celebrativa, da catequese, considerando que um dos aspectos essenciais da educação da fé é levar as pessoas a uma autêntica experiência cristã, na integridade de suas várias dimensões (CNBB, 2010, n. 59).

Em seguida, em 2011, a iniciação cristã foi inserida entre as urgências da evangelização de nosso país. Importante ressaltar que as Diretrizes Gerais da Ação Evangelizadora formam o documento mais importante da CNBB, pois apresentam a cada quadriênio as principais preocupações eclesiais. Nesse sentido, na edição de 2011-2015, foram apresentadas cinco ações prioritárias que toda Igreja do Brasil deveria atender: 1) Estado permanente de Missão; 2) Casa de iniciação à vida cristã; 3) Lugar de animação bíblica da vida e da pastoral; 4) Comunidade de comunidades; e 5) A serviço da vida plena para todos.

No tocante ao tema da Igreja como casa de iniciação à vida cristã, nos diz as diretrizes:

> É necessário desenvolver em nossas comunidades um processo de iniciação na vida cristã, que conduza ao "encontro pessoal com Jesus Cristo", no cultivo da amizade com ele pela oração, no apreço pela celebração litúrgica, na experiência comunitária e no compromisso apostólico, mediante um serviço permanente aos demais.
> O lugar da iniciação cristã é a comunidade eclesial. Que esta, particularmente a paróquia, seja lugar de iniciação na vida cristã de adultos batizados e não suficientemente evangelizados. Seja local para iniciar os não batizados que, havendo escutado o querigma, querem abraçar a fé (CNBB, 2011, n. 86.90).

Essas mesmas prioridades foram renovadas para o quadriênio 2015-2019. No nosso tema de estudo – Igreja: casa de iniciação à vida cristã –, destacou-se agora a importância da estreita relação entre

Bíblia e catequese: "A catequese há de haurir sempre o conteúdo na fonte viva da Palavra de Deus" (CNBB, 2015, n. 85); e também entre catequese e liturgia: "A formação catequética ilumina e fortifica a fé, nutre a vida segundo o espírito de Cristo, leva ao uma participação consciente e ativa no mistério litúrgico e desperta para a atividade apostólica" (CNBB, 2015, n. 86).

No período de 2019-2023, muda-se a linguagem e aparece, no documento, a imagem da casa que é sustentada por quatro pilares essenciais: *palavra de Deus* e a iniciação à vida cristã; o pilar do *pão*, que é a casa sustentada pela liturgia e sobre a espiritualidade; o pilar da *caridade*, que é a casa sustentada sobre o acolhimento fraterno e sobre o cuidado com as pessoas, especialmente os mais frágeis, excluídos e invisíveis; o pilar da *missão*, que parte do pressuposto da impossibilidade de fazer uma experiência profunda com Deus na comunidade eclesial, que não leve, inevitavelmente, à vida missionária.

Tudo isso para dizer que a iniciação à vida cristã está no centro das atenções da Igreja do Brasil. O ponto alto foi em 2017, quando a 55ª Assembleia Geral da CNBB aprovou[2] o documento: *Iniciação à vida cristã: itinerário para formar discípulos missionários*. Ressaltam os nossos pastores:

> A iniciação à vida cristã é uma urgência que precisa ser assumida com decisão, coragem e criatividade. Ela renova a vida comunitária e desperta seu caráter missionário. Isso requer novas atitudes evangelizadoras e pastorais. Para a Igreja, impõe-se a tarefa irrenunciável de oferecer uma modalidade operativa de iniciação cristã que, além de marcar o "quê", também dê elementos para o "quem", o "como" e o "onde" se realiza. Dessa forma,

---

2. No dia 3 de maio de 2017, houve a sessão final para aprovação do texto definitivo já em sua quarta versão. O resultado da votação foi o seguinte: 276 votos positivos, 5 abstenções e um negativo.

assumiremos o desafio de uma nova evangelização, à qual temos sido reiteradamente convocados (CNBB, 2020, n. 69).

Segundo Bourgeois: "O nosso tempo é paradoxalmente uma era iniciática, apesar das inúmeras declarações em contrário. Quero dizer que o momento histórico que atravessa o Ocidente oferece possibilidades muito surpreendentes no que diz respeito à iniciação em todos os campos" (BOURGEOIS, 1993, 296). Por essa razão, como temos falado insistentemente ao longo deste texto, a iniciação à vida cristã, quando compreendida como inspiração, é uma oportunidade para toda a comunidade ser reintroduzida nas fontes do mistério salvífico de Deus. De fato, "entende-se aqui que a Igreja, além de *Ecclesia Mater*, é também *Ecclesia semper initianda*. Ao iniciar um novo catecúmeno, a comunidade inteira rememora aquilo que ela é chamada a ser" (MENDES, 2021, 273).

> Catecúmenos somos todos os que caminham na fé tentando acertar o passo na estrada de Jesus. Somos todos discípulos missionários, alguns com mais idade, outros com menos, muitos jovens, adolescentes, tantas e tantas crianças. Há quem precise fortalecer a vivência, há quem esteja desanimado e precise reaquecer o coração e revisitar a própria pia batismal para reaprender, e, também, há tantos que ainda não conhecem a alegre notícia de Deus que é Jesus. Portanto, toda a vida da Igreja precisa ser mistagogia, precisa ter inspiração catecumenal. Precisamos encontrar caminhos adequados para garantir e consolidar o dinamismo dessa vivência (LOPES, 2018, 10-11).

Compreendendo a necessidade de todos se envolverem nesse processo iniciático, os bispos do Brasil propõem que cada diocese se mobilize na criação de um Projeto Diocesano de Iniciação à Vida Cristã. "Para responder aos desafios da evangelização, principalmente na transmissão da fé cristã, é fundamental ter um projeto, por meio do qual seja possível promover a renovação das comunidades paroquiais" (CNBB, 2020, n. 138). O que deve ser destacado nesses projetos é a mudança urgente de uma pastoral que atinja não mais as "massas", e sim um modelo que valorize o "indivíduo" enquanto eu-social.

3. Iniciação à vida cristã como um novo paradigma de evangelização

Apostamos nessa ideia levantada em Aparecida e acolhida e aprofundada pela CNBB por meio de seus documentos. Reconhecemos ser essa, hoje, a proposta oficial da Igreja no Brasil nesse caminho de formação. Portanto, a catequese de iniciação à vida cristã é válida e deve ser assumida como eixo da evangelização, pois leva a uma redescoberta consciente e adulta da fé, da Boa-Nova de Jesus Cristo, e ao discernimento da presença atuante do Espírito no mundo, na Igreja e na própria vida da pessoa. Sem prejuízo da doutrina, essa iniciação deverá situar-se em uma linha vivencial que conduza o catecúmeno ao compromisso de fé, que faça experimentar na comunidade a vida no Espírito.

Em uma comunidade concreta, cada vez mais inserida no mistério pascal de Cristo, todas as pessoas envolvidas no processo, conduzidas pelo Espírito, tornar-se-ão testemunhas do Evangelho por palavras e ações no ambiente de família, de escola e de trabalho, bem como em sua comunidade e na sociedade civil. A pessoa é levada a interpretar os sinais dos tempos e a atuar como profeta na libertação e transformação do mundo, segundo os desígnios de Deus (At 15,8-9). Isso se poderá constituir como um apelo para seguir uma vocação determinada dentro da comunidade.

Devido a isso, na atual situação em que nos encontramos, o Ritual da Iniciação Cristã de Adultos, assim como todos os documentos que surgiram após ele, dentro do espírito do Vaticano II, podem ser autênticos instrumentos de evangelização e formação de cristãos conscientes e comprometidos, formados a partir de uma cultura catecumenal. Como comunidade de fé, somos os primeiros interessados pela qualidade da formação daqueles que se tornarão cristãos. Aqui poderíamos usar a imagem da preparação dos pais no período da gestação para acolher os filhos e pensar enquanto comunidade de fé também na nossa preparação. E, nesse sentido, somos chamados a pensar nas nossas relações eclesiais. Quais as relações necessárias para que de fato aconteça a iniciação à vida cristã? Por traz da metodologia catecumenal, há toda uma eclesiologia de comunhão e participação. Dentro das urgências da ação evangelizadora, não podemos pensar e trabalhar com esforços paralelos; tudo deveria ser encaminhado nessa linha iniciática. "O catecumenato é fonte de inspiração para a conversão catequética e, mais do que isso, converte-se em manancial inspirador para a conversão da pastoralidade, por ter algo a dizer ao ser e agir da Igreja nas suas mais diversas expressões" (REINERT, 2018, 7).

Por muito tempo reduzimos ou confundimos iniciação cristã como sinônimo de catequese, alicerçada no paradigma da instrução, doutrinação, saber sobre os aspectos da doutrina e da fé. Entrar na dinâmica catecumenal significa assumir um novo paradigma alicerçado agora na experiência íntima, profunda e pessoal, por meio de uma mistagogia que nos leve a adentrar ao mistério pascal de Cristo, ou seja, precisamos de uma nova identidade, não mais doutrinal, e sim experiencial. "No momento, o paradigma pastoral que melhor concretiza a pastoral em saída, capaz de apontar caminhos para a 'nova etapa evangelizadora' é, sem dúvida, a iniciação à vida cristã de inspiração catecumenal" (REINERT, 2018, 45).

No contexto atual, em meio a tantos desafios acerca da transmissão da fé, faz-se necessário, mais do que nunca, entendermos a expressão de Tertuliano de que "fiunt, non nascuntur christiani" – "não nascemos cristãos; tornamo-nos cristãos". Sintetizamos uma reflexão a partir do Frei João Fernandes Reinert, em que ele nos fala, em um quadro comparativo, sobre a diferença entre o saudosismo dos tempos da cristandade, em que se dava por pressuposto que as pessoas já nasciam em uma sociedade, em mundo cristão, e a ideia de Tertuliano de que nos tornamos cristãos (REINERT, 2018, 19-27).

Pressupostos pastorais – Cristãos nascem	Tertuliano – Cristãos se tornam
Foco na grande multidão, massa, números	Foco na pessoa
Foco na sacramentalização	Foco na experiência
Foco no aprendizado de conteúdos	Foco no querigma
Foco na moral	Foco no discernimento
Foco na obrigação	Foco na paixão pelo Mistério
Foco nas estruturas estáticas	Foco na conversão pastoral
Foco no catequista	Foco na comunidade
Foco na religião individual	Foco na dimensão comunitária da fé

  Uma observação atenta aos pontos apresentados na tabela acima nos assusta, por infelizmente termos de admitir que na nossa mentalidade pastoral ainda predomina a lógica de que os cristãos nascem cristãos. Em virtude disso, encontramos tantas dificuldades na renovação das nossas estruturas, focadas mais em uma pastoral de manutenção.

  Conforme vamos caminhando no tema, vemos que iniciação à vida cristã dá, sim, o que pensar, e muito. Esse modelo catecumenal questiona o nosso ser Igreja, os nossos projetos pastorais que dão por pressupostos a fé, que nos colocam em crise para pensar e agir.

  Valorizamos todos os passos da caminhada pastoral dados até aqui e, com esperança e motivação, olhamos para frente desejosos de ser uma Igreja em saída, alicerçados em uma iniciação que nos instigue e comprometa com a missão.

Conclusão

Diante do caminho percorrido ao longo deste texto, começando por Aparecida, passando pelas diretrizes da ação evangelizadora, até chegarmos ao documento *Iniciação à vida cristã: itinerário para formar discípulos missionários*, vimos que são inegáveis as fragilidades na transmissão da fé que presenciamos praticamente em toda a Igreja Católica; por isso, "defendemos que o resgate da iniciação é o caminho mais promissor para a superação não apenas deste desafio (da transmissão da fé), mas para a maior fecundidade de toda a ação pastoral da Igreja" (MENDES, 2021, 273). É triste a constatação de que, por séculos, a Igreja, na ilusão de que toda a sociedade era cristã, se descuidou da iniciação.

A iniciação cristã, mais do que princípio pastoral ou estratégia de evangelização ou método de trabalho, é vida. É feita de consciência, de atitudes, de comportamentos, de engajamento existencial, de crescimento interior, de compromisso, de coerência entre o que se diz e que se faz, o que se vive na comunidade e fora da comunidade, entre fé e vida, entre os níveis pessoais, comunitários e sociais da fé e da existência cristã, na Igreja e no mundo (ALMEIDA, 2015, 33).

Apoiamo-nos em Mário de França Miranda, que afirma: "Transformar mentalidades, mudar hábitos adquiridos, tocar no imaginário de toda uma geração, nunca acontece com a rapidez que desejamos" (MIRANDA, 2022, 24). Estamos dando passos para desencadear processos que estavam "engavetados". Deus queira que, a médio e longo prazos, possamos colher os frutos do nosso trabalho de implantação de uma autêntica iniciação cristã com bons cristãos e bons cidadãos, que, verdadeiramente, saibam dar razões de sua fé e da sua esperança (1Pd 3,15), que deem testemunho do Reino nos diversos ambientes em que estiverem inseridos.

Referências

ALMEIDA, José Antonio de. *ABC da iniciação cristã*. São Paulo: Paulinas, ³2015. (Coleção Jesus Mestre).

BOURGEOIS, Henri. *Teologia catecumenal. A proposito dela "nuova" evangelizzazione*. Brescia: Queriniana, 1993.

CNBB. *Diretrizes da Ação Evangelizadora da Igreja no Brasil 2015-2019*. São Paulo: Paulinas, 2015. (Documentos da CNBB 102).

_____. *Diretrizes da Ação Evangelizadora da Igreja no Brasil 2011-2015*. São Paulo: Paulinas, ³2011. (Documentos da CNBB 94).

_____. *Diretrizes da Ação Evangelizadora da Igreja no Brasil 2019-2023*. Brasília: Edições CNBB, ²2019. (Documentos da CNBB 109).

_____. *Iniciação à vida cristã. Itinerário para formar discípulos*. Brasília: Edições CNBB, ²2020. (Documentos da CNBB 107).

_____. *Iniciação à vida cristã. Um processo de inspiração catecumenal*. São Paulo: Paulinas, ⁴2010. (Estudos da CNBB 97).

CONSELHO EPISCOPAL LATINO-AMERICANO (CELAM). *A caminho de um novo paradigma para a catequese. III Semana Latino-Americana de Catequese*. Brasília: CNBB, 2008.

_____. *Documento de Aparecida. Texto conclusivo da V Conferência Geral do Episcopado Latino-Americano e do Caribe*. Brasília: CNBB; São Paulo: Paulinas, 2007.

IRMÃO NERY. *Catequese com adultos e catecumenato. História e proposta*. São Paulo: Paulus, ²2019. (Coleção Catequese adulta).

LOPES, Antonio de Lisboa Lustosa. De novo a questão da iniciação cristã. Breves considerações teológico-pastorais. *Revista de Catequese*, São Paulo, ano 41, n. 152 (jul./dez. 2018) 10-11.

MACHADO, Marcelo Luiz. Uma catequese sólida em tempos líquidos. *Revista de Catequese*, São Paulo, ano 38, n. 145 (jan./jun. 2015) 18.

MENDES, Sérgio Gonçalvez. A crise da iniciação cristã. Um obstáculo à renovação da pastoral. *Annales FAJE, Congresso Brasileiro de Teologia Pastoral*, v. 1, n. 1 (2021) 273.

MIRANDA, Mário de França. Espírito Santo e sinodalidade. *REB*, Petrópolis, v. 82, n. 321 (jan./abr. 2022) 24-44.

REINERT, João Fernandes. *Inspiração catecumenal e conversão pastoral*. São Paulo: Paulus, 2018. (Coleção Biblioteca do catequista).

_____. *Paróquia e iniciação cristã. A interdependência entre renovação paroquial e mistagogia catecumenal*. São Paulo: Paulus, 2015.

TERTULIANO. O testemunho da alma. In: CORDEIRO, José de Leão (Org.). *Antologia litúrgica. Textos litúrgicos, patrísticos e canônicos do primeiro milênio*. Fátima: Secretariado Nacional de Liturgia, ²2003.

Vicissitudes históricas da iniciação cristã de adultos e de seu ritual[1]

Francisco Taborda, SJ[2]

Entre os mais importantes legados do Concílio Vaticano II, está a restauração do catecumenato como metodologia para a iniciação cristã de adultos (cf. SC 64-66). Resultado dessa determinação foi o *Ritual da Iniciação Cristã de Adultos* (RICA), que, depois da aprovação por Paulo VI, foi publicado em 1972. Em 1973 saiu do prelo a tradução brasileira, depois da devida aprovação pela Congregação romana competente.

---

1. Este texto foi tirado – em parte literalmente – da apresentação escrita para o livro de PARO, THIAGO APARECIDO FACCINI, *As celebrações do RICA*, Petrópolis, RJ, Vozes, 2017.

2. *Francisco Taborda, SJ* é doutor em Teologia pela Westfälische Wilhelms-Universität Münster (Alemanha, 1974), graduado em Teologia pela Philosophisch-theologische Hochschule St. Georgen (Frankfurt, Alemanha, 1969), licenciado em Filosofia pela Pontifícia Universidade Católica do Rio Grande do Sul (Porto Alegre, 1964) e graduado em Filosofia pela Faculdade de Filosofia Ciências e Letras Cristo Rei (atual UNISINOS, São Leopoldo, RS, 1963). Professor emérito do Departamento de Teologia da Faculdade Jesuíta de Filosofia e Teologia (FAJE). Autor de vários livros.

A edição típica do RICA e sua respectiva tradução brasileira eram, no entanto, muito complexas. Com a intenção de oferecer maior liberdade possível na configuração do rito, havia uma grande abundância de alternativas, de tal modo a requerer do usuário um estudo acurado do ritual para poder encontrar o que lhe parecia mais adequado para a celebração concreta a ser preparada. Possivelmente essa foi uma das razões por que o ritual tenha permanecido letra-morta. Em vista disso, a CNBB decidiu fazer uma nova edição que apresentasse o rico material de "forma mais didática e simples para facilitar o uso". A novidade estava apenas no aspecto formal. Como escreveu, na apresentação da nova edição, Dom Geraldo Lyrio Rocha, então bispo de Colatina e responsável pela liturgia na CNBB, tratava-se de facilitar o manuseio do ritual sem alterar a edição típica (RICA, 2001, 7).

Desde a aprovação da edição típica, em 1972, até a edição brasileira simplificada de 2001, não se pode dizer que o RICA tenha tido uma verdadeira recepção na Igreja do Brasil. Havia, no entanto, decorrido quase trinta anos desde sua promulgação por Paulo VI. Mais tempo ainda, se considerarmos que um batismo de adultos com catecumenato não constituía novidade. Não só por ser a maneira habitual da celebração da iniciação cristã na antiguidade, mas também porque, em 1962, sob o pontificado de João XXIII, já dez anos antes da edição típica pós-Vaticano II, a Sagrada Congregação dos Ritos havia publicado um *Ordo baptismi adultorum per gradus catechumenatus dispositum* (Ritual do batismo de adultos disposto por passos do catecumenato)[3] (*AAS*, 1963, 310-338). Nesse *Ordo*, o catecumenato estava organizado em sete passos, sendo a celebração do sacramento enumerada como sétimo passo. Ele se inseria nas reformas da liturgia

---

3. O decreto que promulga o novo *Ordo* está datado de 16 de abril de 1962. Comentários em *La Maison-Dieu*, n. 71, quarto trimestre de 1962.

que, a partir dos anos 1950, começavam a se multiplicar (reforma da Vigília Pascal, introdução das missas vespertinas, instauração de nova lei do jejum eucarístico, reforma da Semana Santa, extensão das rubricas da Semana Santa a todas as celebrações litúrgicas por meio do novo código de rubricas de João XXIII...). Queriam ser apenas emendas parciais dos rituais existentes.

Entre as muitas falhas que se podem imputar ao *Ordo*, estava o fato de não considerar a iniciação cristã como um todo que incluísse em uma unidade os três sacramentos da iniciação, Batismo, Crisma e Eucaristia. O Batismo ainda se apresentava isolado, em uma celebração fora da missa, sem a administração da Crisma e a subsequente participação na Eucaristia. Mas, pelo menos, já havia a percepção de que um adulto não podia ser batizado sem mais nem menos, como se fosse uma criança de colo. Desse ritual provisório, promulgado às vésperas do Concílio Vaticano II, não tenho notícia de nenhuma repercussão entre nós. É possível que o início do Concílio, pouco menos de seis meses depois, tenha ofuscado o novo *Ordo*. A mesma determinação de uma restauração do catecumenato (cf. SC 64-66) tornou-o superado antes mesmo que pudesse ser posto em prática.

Entretanto, infelizmente, tampouco a versão didática do RICA, de 2001, teve acolhida maior na Igreja do Brasil. Parece continuar a prática de batizar o adulto, com uma ou duas palestras de doutrina cristã e a celebração isolada do batismo. Pior ainda: acontece "obrigar-se" o adulto a ser batizado para poder casar-se na Igreja. Pode-se considerar essa prática como mais "pastoral", como uma boa ocasião de agregar pessoas à Igreja. Na realidade, supõe uma falsa compreensão do batismo como um rito qualquer, sem compromisso de mudança de vida. O noivo ou a noiva que pedem ou aceitam o batismo para casar-se na Igreja Católica não desejam o batismo por si mesmo, mas como meio para poder casar. A fé que se professa no batismo se torna apenas uma formalidade teórica que não precisa ser abraçada com o intelecto e menos ainda articulada com a conversão e a mudança de vida. No entanto, seria tão simples, no caso de matrimônios com disparidade de culto (CDC, 1983, cân. 1086, 1125-1126, 1129), pedir a devida dispensa ao bispo e, então sim, em atitude verdadeiramente pastoral, depois do casamento, acompanhar o cônjuge não cristão em vista de uma conversão ao seguimento de Cristo durante um longo processo de amadurecimento, como deve ser o catecumenato.

Diante do que acaba de ser dito, pode-se perguntar por que razão esse ritual tão importante e de tanto valor litúrgico e pastoral não mereceu da parte de grande parcela da Igreja do Brasil a atenção devida. Ocorre pensar que isso deriva da origem mesma do catolicismo em nossa pátria. Os evangelizadores do séc. XVI provinham de uma Europa que vivia em regime de cristandade. Por um lado, havia a convicção teológica e espiritual da urgência do batismo, pois todo ser humano não batizado (criança ou adulto) estava condenado ao inferno, caso não recebesse o banho salutar. Por outro lado, tinha-se por pressuposto que todo nascido devia ser batizado, já que o próprio ambiente cristão haveria de formá-lo no seguimento de Cristo. Assim esses evangelizadores, ao chegarem à Terra de Santa Cruz e encontrarem a população indígena, aplicaram a ela o mesmo princípio. Urgia batizar a todos, o quanto antes, para livrá-los da condenação eterna. Resultou assim que nossa terra foi batizada, "sacramentada", sem ser evangelizada (TABORDA, 2012, 20-22).

Quando mais tarde os navios negreiros descarregaram em nossos portos multidões de africanos para serem vendidos como escravos (GOMES, 2019, v. 1), valeram para eles os mesmos princípios, a ponto de se ver na triste sorte dessas pessoas uma grande graça de Deus, pois na liberdade de suas terras natais não teriam conhecido a Cristo, nem recebido os sacramentos e, consequentemente, perecido eternamente. O célebre orador sacro P. Antônio Vieira SJ chega a felicitar várias vezes os escravos pela graça da escravidão, que os fez participantes da redenção merecida por Cristo (VIEIRA, 2015).

Atrás dessa prática e dessa concepção estava uma falsa compreensão do princípio de teologia sacramental, segundo o qual o sacramento age *ex opere operato*. Esse princípio que garante a validade do sacramento, independentemente dos méritos do ministro, foi simplificado no sentido de um automatismo subumano que não exigia mais a ausência de obstáculo para que a graça realizasse sua obra na pessoa batizada. Mas, como já ensinava a Escolástica: *gratia supponit naturam* (a graça supõe a natureza) e, portanto, a graça batismal pressupõe a livre aceitação por parte do adulto. Não é que se tivesse esquecido que o adulto para ser batizado precisasse ter algum conhecimento da fé cristã e devesse aceitá-la, mas essa aceitação era compreendida de maneira extremamente simplificada: a adesão verbal às proposições de fé mais fundamentais, expostas em linguagem frequentemente ininteligível para as populações indígenas e africanas, e assim escassamente compreendidas. A vida cristã subsequente viria pela convivência com os cristãos, que, no entanto, estavam longe de ser exemplares, tanto que não é raro encontrar na documentação existente as queixas dos missionários, vituperando os "cristãos velhos" por não só não serem exemplos de vida cristã, mas também até por induzirem os novos cristãos há pouco batizados à volta aos costumes pagãos (ANCHIETA, 1984, 77)[4].

Diante disso, não é de estranhar a escassa fidelidade ao batismo. Mas outra é a percepção dos evangelizadores: admiravam-se da falta de perseverança dos neófitos, como se fosse uma falha na índole do povo indígena. Informando o P. Diego Laínez, primeiro sucessor de Santo Inácio de Loyola no governo geral da Companhia de Jesus, Anchieta se desculpa por narrar casos de índios que morrem tendo recebido o batismo por ocasião da enfermidade e acrescenta:

---

4. Segundo queixa de Anchieta em carta quadrimestral ao superior-geral da Companhia de Jesus, Inácio de Loyola, de 1º de setembro de 1554.

"Detive-me em contar os que morrem, porque fruto verdadeiro se há de julgar o que permanece até o fim. Porque dos vivos não ousarei contar nada, mesmo se o houver, que, por ser tamanha a inconstância em muitos, ninguém pode nem deve prometer deles coisa, que haja de durar" (ANCHIETA, 1984, 159)[5].

Com relação aos africanos, não era diversa a atitude. Aí entrava um complicador: era dever do senhor "cristão" fazer instruir seus escravos na doutrina cristã e levá-los ao batismo. As autoridades eclesiásticas estavam conscientes da importância da instrução. Dom Sebastião Monteiro da Vide, nas *Constituições Primeiras do Arcebispado da Bahia* (1707) (MONTEIRO DA VIDE, 1857), logo no início das mesmas, urge como obrigação grave dos senhores a instrução dos escravos na doutrina cristã (MONTEIRO DA VIDE, 1857, 3). E, ao falar do batismo, trata explicitamente do batismo de adultos, com exigências grandes que, no decorrer do texto, vão sendo diminuídas até chegar ao caso dos "escravos brutos e boçais", para os quais basta perguntar, por meio de intérprete: "Queres lavar tua alma com água santa? Queres comer o sal de Deus? Botas fora da tua alma todos os teus pecados? Não hás de fazer mais pecados? Queres ser filho de Deus? Botas fora de tua alma o demônio?" (MONTEIRO DA VIDE, 1857, 20). Entende-se o zelo do arcebispo e o cuidado para que ninguém fique sem batismo e seja, por isso, condenado ao inferno. Assim, entre a exigência batismal e a misericórdia, opta pela segunda e descura a primeira. Obviamente não cabe a nós julgar com nossos parâmetros atuais aqueles que nos precederam na ação evangelizadora.

---

5. Carta a P. Diogo Laínez, de 1º de junho de 1560 (cf. ANCHIETA, José, *Obras completas*, São Paulo, Loyola, 1984, 152-173). Na mesma carta fala dos rapazes que, educados desde criança pelos jesuítas, uma vez chegada a adolescência, abraçavam os costumes pagãos de seus ancestrais. Mas Anchieta acrescenta: "...os próprios cristãos fazem da mesma maneira" (ANCHIETA, 1984, 165).

Se as autoridades eclesiásticas tinham consciência da necessidade de criar condições para o batismo dos escravos, o mesmo não se pode dizer dos senhores. Para estes valeria antes o princípio de não perder tempo (e dinheiro) com essas questões que talvez até aceitassem teoricamente como importantes, mas que não podiam ser muito demoradas para que as "peças de Guiné" pudessem ser enviadas às minas ou às lavouras, em lugares às vezes desprovidos de estrutura pastoral adequada até para aquela época. O resultado temos até hoje no sincretismo tão ocorrente em nosso país: os orixás foram ocultados por trás das imagens de santos que lembravam mais ou menos vagamente a crença de base dos pobres homens e mulheres trazidos à força da África ancestral (MIRA, 1983, 187-198).

Com esse "pecado original", prosseguiu a evangelização do Brasil: pressupunha-se a força evangelizadora da sociedade supostamente cristã e considerava-se que bastava derramar água sobre a cabeça da criança ou do adulto e tínhamos mais um cristão, membro da Igreja, seguidor de Cristo. Quando o Brasil ainda era um país rural, talvez até se pudesse contar com uma transmissão de certa fé católica. Mas os verdadeiros "evangelizadores", os evangelizadores caseiros, só podiam transmitir as vagas noções e práticas religiosas que haviam recebido. A relação fé-vida era desleixada ou se reduzia a determinados tabus, principalmente de ordem sexual, e a algumas práticas rituais, especialmente em tempos festivos.

Diante disso é compreensível que a facilitação do batismo de adultos, sem verdadeira iniciação à vida cristã, prevaleça sobre o RICA, possivelmente considerado por alguns – ou por muitos – "coisa de gabinete". Diante desse descaso que não é exclusivo do Brasil, mas está presente em toda a América Latina e no Caribe, a Quinta Conferência Geral do Episcopado Latino-americano e do Caribe, realizada em Aparecida, SP, de 13 a 31 de maio de 2007, reconhece a imperiosa necessidade de um renovado empenho pela iniciação cristã (CELAM, 2007, n. 286-294).

A CNBB, em sua 46ª Assembleia Geral (2008), pediu que se instaurasse uma comissão para dar resposta à solicitação da Conferência de Aparecida (CNBB, 2010; CNBB, 2020), em continuidade com o que já se iniciara em 2005, na 43ª Assembleia Geral, com a aprovação do *Diretório Nacional de Catequese* (CNBB, 2006), e fora recomendado pelas *Diretrizes Gerais da Ação Evangelizadora da Igreja no Brasil 2008-2010* (CNBB, 2008). Surge assim o já citado Documento nº 107 (CNBB, 2020), precedido por um estudo bastante amplo (CNBB, 2010).

Resta agora que se ponham em prática as ótimas reflexões apresentadas. Infelizmente a experiência mostra que, no Brasil, é comum a criação de palavras ou expressões que se tornam moda e todos passam a empregá-las. Se as práticas mudam, é outro capítulo, pois a lei do menor esforço acaba vencendo e continua-se a fazer o que sempre se fez, talvez, quando muito, com outro rótulo... É o que aconteceu, por exemplo, com o conceito de "nova evangelização" (TABORDA, 1992, 105; 1994, 133).

Referências

ACTA APOSTOLICAE SEDIS. *Città del Vaticano*, v. 54 (1962) 310-338.

ANCHIETA, José. *Obras completas*. Pesquisa, introdução e notas de Hélio Abranches Viotti. São Paulo: Loyola, 1984, v. 6: Cartas: correspondência ativa e passiva.

CNBB. *Diretório Nacional de Catequese*. São Paulo: Paulinas, 2006. (Documentos da CNBB, 84).

_____. *Diretrizes Gerais da Ação Evangelizadora da Igreja no Brasil 2008-2010*. São Paulo: Paulinas, 2008. (Documentos da CNBB, 87).

_____. *Iniciação à vida cristã. Um processo de inspiração catecumenal.* São Paulo: Paulus, ⁴2010. (Estudos da CNBB, 97).

_____. *Iniciação à vida cristã. Itinerário para formar discípulos missionários.* Brasília: CNBB, ²2020. (Documentos da CNBB, 107).

CÓDIGO DE DIREITO CANÔNICO. Tradução, notas e comentários de Jesús Hortal. São Paulo: Loyola, 1983.

CONSELHO EPISCOPAL LATINO-AMERICANO. *Documento de Aparecida*. Texto conclusivo da V Conferência Geral do Episcopado Latino-americano e do Caribe. 13-31 de maio de 2007. São Paulo: Paulus, 2007.

DOCUMENTOS DA IGREJA. Constituição *Sacrosanctum Concilium*. Sobre a Sagrada Liturgia. *Documentos do Concílio Ecumênico Vaticano II*. São Paulo: Paulus, 2002, 20-57.

GOMES, Laurentino. *Escravidão*. Rio de Janeiro: Globo Livros, 2019, v. I: Do primeiro leilão de cativos em Portugal até a morte de Zumbi dos Palmares.

MIRA, João Manuel Lima. *A evangelização do negro no período colonial brasileiro*. São Paulo: Loyola, 1983.

MONTEIRO DA VIDE, Dom Sebastião. *Constituições Primeiras do Arcebispado da Bahia*. São Paulo: Typographia 2 de dezembro de Antônio Louzada Antunes, 1857.

RITUAL DA INICIAÇÃO CRISTÃ DE ADULTOS. São Paulo: Paulus, 2001.

TABORDA, Francisco. *Vida Religiosa y Nueva Evangelización*. Santiago de Chile: CONFERRE, 1992.

_____. La Nueva Evangelización y sus implicaciones para la Vida Religiosa. In: CONFEDERACIÓN LATINOAMERICANA DE RELIGIOSOS (Org.). *Retos de la Vida Religiosa hacia el año 2.000*. Santafé de Bogotá: Indo-American Press Service, 1994.

_____. *Nas fontes da vida cristã. Uma teologia do batismo-crisma*. São Paulo: Loyola, ³2012.

VIEIRA, Antônio. *Obra completa*. Direção José Eduardo Franco e Pedro Calafate. São Paulo: Loyola, 2015, tomo II: Parenética, v. VIII e IX: Sermões do Rosário. Maria Rosa Mística I e II.

Índice Remissivo

A
- *Ad Gentes*, 9, 128, 185

B
- Batismo, 9, 11, 14, 15, 27, 35, 36, 39, 40, 41, 47, 50, 58, 61-63, 69, 72, 75, 76, 85, 89, 92-94, 105-121, 126, 143, 146, 153, 170, 172-174, 176, 184, 195, 201
- Bento XVI, 36

C
- Catecismo da Igreja Católica, 11, 47, 51, 84, 116, 164
- Catecumenato, 9, 10, 15, 28, 39, 46, 57, 62, 65, 68, 72-74, 85, 89, 127, 130, 132-138, 144, 146, 148, 155, 160, 161, 164-167, 171, 175, 176, 181, 182, 185, 189, 195-198
- Catequese, 9, 12, 15, 17, 19-21, 25-28, 36, 37, 39, 43, 46-48, 51, 52, 61, 62, 64, 68, 73, 78, 85, 89-93, 95-97, 101, 102, 126, 131, 143, 146, 148, 157, 158, 166-176, 180-183, 185, 186, 188, 189, 202
- Catequese Renovada, 12, 169
- *Christus Dominus*, 9, 185
- Conferência Nacional dos Bispos do Brasil (CNBB), 11, 13, 15, 16, 21, 35, 46, 55, 83, 87, 88, 91, 113, 143, 164, 166, 170-172, 179, 180, 183-188, 196, 202
- Concílio Vaticano II, 9, 10, 14, 16, 18, 34, 38, 39, 48, 83-86, 101, 102, 105, 110, 146, 147, 155, 157, 195, 197
- Conferência Episcopal Italiana (CEI), 20, 21
- Confirmação, 40, 50, 146
- Conselho Episcopal Latino-americano (CELAM), 183, 201
- Crisma, 9, 94, 146, 197
- Cristandade, 35, 36

D
- *Desiderio Desideravi*, 91, 102
- Diretório Geral para a Catequese, 11, 10, 25, 171

- Diretório Nacional de Catequese, 12, 45, 91
- Documento de Aparecida, 92, 93, 162-164, 180-184, 191

E

- Espírito Santo, 10, 11, 19, 31, 33, 37, 38, 61-63, 71, 75-77, 80, 84, 86, 90, 97, 98, 101, 105, 109, 111, 113-115, 118, 126, 129, 132, 136-138, 151, 168, 172, 173, 181, 188
- Eucaristia, 9, 22, 30, 31, 39-41, 47, 50, 61, 77, 79, 89, 94, 110, 115, 116, 130, 132, 134, 146, 149, 172-176, 183, 184, 197
- *Evangelii Gaudium*, 13, 18, 19, 33, 34, 87, 95-97, 163

F

- Papa Francisco, 13, 18, 33, 34, 84, 87, 97, 111, 124, 125, 163

G

- *Gaudium et Spes*, 17, 18, 39

I

- Igreja, 9, 11-15, 17-19, 21-23, 30, 33-36, 38, 39, 45-48, 50, 58, 59, 61-63, 65, 72, 74-79, 83-87, 89-92, 94-96, 98, 99, 101, 102, 106, 108-110, 113-117, 123-125, 127, 128, 130, 132-139, 145, 146, 150, 151, 155, 157, 158, 160-162, 166, 167, 169, 170, 173, 175, 177, 179-181, 183-191, 196-198, 201, 202
- Iniciação, 40- 42, 45, 46, 48, 57, 59
- Iniciação à vida cristã, 9, 12, 33, 45, 48, 64, 83, 84, 92, 93, 184-186, 188
- Iniciação Cristã, 9-19, 34, 35, 38-42, 44, 46, 47, 49-51, 55, 57, 58, 61, 65-68, 73, 74, 83, 85, 88, 89, 95-98, 101, 102, 105, 106, 108, 112, 123, 124, 128, 130-134, 138-140, 143, 144, 146-148, 155, 158-160, 162, 167, 169, 170, 172, 173, 177, 179-181, 183-186, 188, 191, 195-197, 201, 202
- *Inter Oecumenici*, 112
- Instrução Geral sobre o Missal Romano (IGMR), 65, 66

L

- Liturgia, 9, 11-13, 23, 33, 34, 38, 42, 46, 55, 56, 62, 78, 79, 83, 85, 88, 90, 98, 101, 102, 110, 111, 114, 120, 123, 131-134, 136, 138, 143, 144, 146-148, 159, 161, 174, 176, 179, 182, 186, 196
- *Lumen Gentium*, 64, 75, 77, 94, 126

M

- Mistagogia, 30, 39, 57, 65, 68, 72, 95-97, 99, 132, 139, 160, 163-165, 176, 189
- Mistério, 10-12, 15, 42, 43, 45-48, 50, 57-59, 63, 71, 76-78, 84, 88, 90, 96, 98, 100, 108, 110, 111, 113, 114, 118, 121, 129, 137-139, 155, 160, 162, 163, 168, 172, 173, 181-183, 186-190
- Movimento Litúrgico, 45, 86, 146

R

- Rito, 10, 14, 35, 40, 43, 44, 50, 55-58, 67-70, 79, 85, 90, 98, 106, 108, 112, 113, 127, 128, 131, 133, 134, 137, 147, 151, 160, 161, 176, 182, 196, 197
- Ritual da Iniciação Cristã de Adultos (RICA), 10, 11, 13, 15, 16, 35, 38, 39, 57-59, 61-63, 71-74, 79, 85, 87, 96, 101, 112, 123, 124, 127-134, 136-140, 144, 148, 150-153, 158-162, 180, 182, 188, 195-197, 201

S

- Sacrosanctum Concilium, 9, 10, 12, 34, 35, 75, 77, 78, 85, 108, 110, 111, 127, 128, 146, 147
- Sensus Fidei, 84, 137, 138

T

- Teatro, 14, 55-57, 61, 67, 74, 79

Edições Loyola

editoração impressão acabamento
Rua 1822 nº 341 – Ipiranga
04216-000 São Paulo, SP
T 55 11 3385 8500/8501, 2063 4275
www.loyola.com.br